Karl Faulmann

Die Erfindung der Buchdruckerkunst

Karl Faulmann

Die Erfindung der Buchdruckerkunst

ISBN/EAN: 9783743304376

Hergestellt in Europa, USA, Kanada, Australien, Japan

Cover: Foto ©ninafisch / pixelio.de

Manufactured and distributed by brebook publishing software (www.brebook.com)

Karl Faulmann

Die Erfindung der Buchdruckerkunst

Die Erfindung der Buchdruckerkunst

nach den neuesten Forschungen.

Dem deutschen Volke

dargestellt von

Professor Karl Faulmann

Ritter des kgl. bayer. Verdienstordens vom h. Michael, Besitzer einer Verdienstmedaille der Wiener
Weltausstellung für Buchdruck, Verfasser der »Illustrierten Geschichte der Buchdruckerkunst« etc.

Mit 30 in den Text gedruckten Abbildungen
und einer Stammtafel der Familie Gänsfleisch-Gutenberg.

Wien. Pest. Leipzig.
A. Hartlebens Verlag.
1891.

Vorwort.

Zehn Jahre sind verflossen, seit ich bei Ausarbeitung meiner »Illustrierten Geschichte der Buchdruckerkunst« der Erfindungsgeschichte derselben näher getreten bin und dabei als gelernter Buchdrucker die Erfahrung machte, dass dieselbe keineswegs so klar ist, wie gewöhnlich angenommen wird. Ich habe damals dieser Anschauung freimüthig Ausdruck gegeben.

Inzwischen ist durch die Forschungen des Bibliothekars in Dublin, Herrn J. H. Hessels, des Bibliothekars in Göttingen, Herrn Prof. Karl Dziatzko, und durch mehrere Aufsätze in dem von dem Oberbibliothekar zu Halle, Herrn Dr. O. Hartwig, herausgegebenen »Centralblatt für Bibliothekswesen« manches neue Licht verbreitet worden, welches würdig ist, nicht nur in den Kreisen der Bibliotheksbeamten zu leuchten, sondern auch dem deutschen Volke eine richtigere Anschauung über die grösste Erfindung, welche aus seinem Schosse hervorgegangen ist, zu verschaffen.

Wenn ich hiebei Dr. van der Lindes vor mehreren Jahren erschienenes Werk über die Geschichte der Erfindung der Buchdruckerkunst nicht erwähne, so geschieht dies nicht aus Unkenntnis desselben, sondern weil dasselbe in keiner Weise etwas zur Aufhellung der Sache beigetragen hat. Bezeichnend für dieses Buch ist, dass der Verfasser in den mehr als tausend Quartseiten desselben nicht im Stande war, den im ersten Bande versprochenen Stammbaum zu liefern, weil er sich nicht die Mühe genommen hatte, die Familienverhältnisse des Mannes zu erforschen, über welchen er ein so dickes und doch inhaltarmes Buch schrieb.

Die neueren Forschungen haben das Misstrauen, welches ich schon vor zehn Jahren manchen Nachrichten und Urkunden entgegenstellte, welche als unumstössliche Beweise galten, gerechtfertigt. Es ist eine Thatsache, dass man zu verschiedenen Zeiten und an verschiedenen Orten der schweigenden Geschichte falsche Nachrichten auf die Lippen geklebt hat.

Ob es gelingen wird, alles Dunkel aufzuhellen, muss dahingestellt bleiben, einstweilen muss man sich mit Folgendem begnügen:

1. dass die Erfindung der Buchdruckerkunst kein einfacher Gedanke war, der an verschiedenen Orten zu gleicher Zeit zur Herstellung des Buchdrucks führen konnte, sondern das Ergebnis schrittweise unternommener Versuche eines scharfsinnigen Geistes;

2. dass nach den Zeugnissen von Zeitgenossen, deren wichtigste hier buchstäblich nach den Originalen abgedruckt und genau übersetzt sind, Johann Gutenberg in Mainz zweifellos der Erfinder der Buchdruckerkunst war;

3. dass wir über dessen Leben wenig Sicheres wissen, jedenfalls aber so viel, um die Nachrichten über die angebliche Armut und Bettelhaftigkeit des Erfinders in das Gebiet der Sage zu verweisen.

Dichter und Kinder mögen sich an rührenden Märchen vergnügen, dem gereiften deutschen Volke gebürt aber, was hier, soweit es möglich war, geboten ist:

Klarheit und Wahrheit.

Wien, im November 1890.

Prof. Karl Faulmann.

Inhalt.

		Seite
1.	Die Buchdruckerpresse	1
2.	Die Buchstaben	15
3.	Der Erfinder	55
4.	Geschichtsfälschungen	83
5.	Mainz im XV. Jahrhundert	100
6.	Die Familie Gänsfleisch	107
7.	Johann Gutenberg	119
8.	Die Gutenberglegende	124
9.	Gutenberg in Strassburg	127
10.	Gutenberg in Mainz	143

Verzeichnis der Abbildungen.

Nr.		Seite
1.	Buchdruckerzeichen des Jodocus Badius 1498	6
2.	Englische Buchdruckerpresse aus dem XVI. Jahrhundert	6
3.	Der Buchdrucker. Holzschnitt von Jost Amann	7
4.	Die Buchdruckerpresse auf J. Grünenbergs Randeinfassung	7
5.	Der ›Entkrist‹. Holztafeldruck eines unbekannten Briefdruckers um 1450	13
6.	Abdruck einer Donat-Holztafel der Pariser Nationalbibliothek	16
7.	Abdruck einer anderen Donat-Holztafel der Pariser Nationalbibliothek	17
8.	Buchschrift des XV. Jahrhunderts	18
9.	Donat eines unbekannten Druckers	20
10.	Neudruck der Donatseite mit den ›Gutenbergtypen‹ der k. k. Staatsdruckerei	21
11.	Typen der 36zeiligen Bibel	23
12.	Aus dem Ende des I. Bandes der 36zeiligen Bibel	24
13.	Anfang des II. Bandes der 36zeiligen Bibel	24
14.	Anfang der 36zeiligen Bibel	26
15.	Anfang der 42zeiligen Bibel	27
16.	Ablassbrief mit 31 Zeilen und den Typen der 36zeiligen Bibel	30
17.	Ablassbrief mit 30 Zeilen und den Typen der 42zeiligen Bibel	31
18.	Typen der 36zeiligen Bibel in doppelter Grösse	38
19.	Ein Facsimile aus dem Psalter	39
20.	Alphabet der grossen Psaltertypen	40
21.	Alphabet der kleinen Psaltertypen	40
22.	Holzbuchstaben nach dem Muster der 36zeiligen Bibel	43
23.	Der Schriftgiesser. Holzschnitt von Jost Amann	47
24.	Messingbuchstaben aus Holzbuchstaben geformt	48
25.	Schriftprobe einer lateinischen Bibel von Mentel (um 1463?)	50
26.	Schriftprobe von Jensons *Fabius Quintilianus* (1471)	51
27.	Eine abgedruckte Type	52
28.	Schriftgiesser des XVII. Jahrhunderts	54
29.	Schlussschrift Johann Schöffers zu Trithemius Chronik 1515	84
30.	Dr. van der Lindes Nachdruck der Schlussschrift zu Trithemius Chronik	85
31.	Lindes angebliche Originaltypen der 42zeiligen Bibel	96
32.	Siegel des Friele Gensfleisch	101
33.	Angebliches Siegel des Johann Gutenberg	101
34.	Angebliches Brustbild Gutenbergs	125
35.	Schleifmühle für Edelsteine im Idarthale	134
36.	An den Schleifsteinen	135

1. Die Buchdruckerpresse.

Ein Schriftsteller, welcher dickleibige Bände über die Erfindung der Buchdruckerkunst schrieb und deshalb für einen Fachmann gehalten wird, sprach den in neuerer Zeit öfter nachgesprochenen Satz aus: »Das Drucken hat Gutenberg nicht erfunden, die Presse und sonstigen technischen Hilfsmittel sind für unsere Frage Nebensache und bloss für die praktische Ausübung der Buchdruckerkunst erheblich; einem Gutenberg konnten sie gar keine Schwierigkeiten bereiten, und das XV. Jahrhundert hat gar kein Gewicht auf seine einfache Handpresse gelegt.« Er meinte, die Erfindung habe einzig in der Herstellung von Stahlstempeln, Kupfermatrizen und gegossenen Buchstaben bestanden, und berief sich auf die Schlussschrift des im Jahre 1460 erschienenen Katholikon, in welcher das »wunderbare Zusammenpassen und Gleichmass der Patronen und Formen« gerühmt wird, welche letztere Ausdrücke er sehr frei mit »Patrizen und Matrizen« übersetzte.

In dieser Darstellung der Erfindungsgeschichte sind Wahres und Falsches so gemischt, dass selbst die Wahrheit zur Unwahrheit wird. Gewiss, die Legende, welche den Erfinder der Buchdruckerkunst Buchstaben in Baumrinde schneiden lässt, worauf der ausschwitzende Saft die Umrisse der Buchstaben abfärben macht, ist eine irrige; um das Jahr 1440 blühte bereits der Holztafeldruck, welcher wahrscheinlich aus China herübergekommen ist, in Deutschland; es gab in verschiedenen Städten Briefdrucker (»Brief« im Sinne des lateinischen Wortes *brevis* »kurze [Schrift]«), welche Bilder mit und ohne Text, ja selbst kleine Schriften, wie z. B. die lateinische Grammatik des Donatus, in Holzschnitten und mittels des Reibers druckten, d. h. sie legten das befeuchtete Papier auf die mit einer leichten Erdfarbe, später mit einer aus Lampenruss und Oel gemischten Druckerschwärze bestrichene Form und fuhren auf der Rückseite des Blattes mittels eines sehr straff mit Pferdehaaren und Salbändern ausgestopften Lederballens (Reibers) mit kräftigem Druck hin und her, wodurch die Umrisse der Figuren und Buchstaben sich tief in das Papier eindruckten. Aber dieser Reiberdruck ist kein Buchdruck, die durch das Reiben entstandene Glätte, verbunden mit den theilweisen Unebenheiten, machten den Abdruck auf der Rückseite des Papiers unmöglich. Allerdings hat sich in China bis auf den heutigen Tag der Bücherdruck in dieser Weise fortgepflanzt, ob aber diese Art des Druckens in Europa den Erfolg des Buchdrucks gehabt hätte, ist sehr die Frage.

Es ist keineswegs richtig, zu glauben, dass das Mittelalter eine Sehnsucht nach der Buchdruckerkunst hatte, dass es nach Mitteln lechzte, seine Bücher zu vervielfältigen. Die Gewohnheit ist die Amme des Menschen, und nur ungern entwöhnt er sich ihrer Brust, nur der Noth oder glänzenderem Reiz folgend.

Der Reiberdruck mit seinem einseitigen Druck und seiner langsamen Herstellungsweise hat die Gelehrten des XV. Jahrhunderts nie begeistert, sie zogen ein geschriebenes Buch einem schlechten Druck vor; erst als die Buchdruckerpresse es ermöglichte, beide Seiten des Papiers und mit jedem Zug der Hand eine Folioseite zu drucken, während der Briefdrucker schon bei einer kleinen Octavseite oft mit dem Reiber hin- und herstreichen musste, wurde man auf diese Maschinerie aufmerksam, welche die Handarbeit des Briefdruckers übertraf und die Handschrift ersetzte. Für die neue Erfindung entstand ein neues Wort. Franz Maria Grapaldus aus Parma sagt nach einer kurzen Beschreibung des Buchdrucks: »Die Künstler nennen wir nach der Sache Buchdrucker.«

Seit der Erfindung der Presse waren Briefdrucker und Buchdrucker etwas Verschiedenes; der Buchdrucker verdrängte den Briefdrucker ebenso, wie vierhundert Jahre später die Schnellpresse die Handpresse verdrängt hat. Mochte daher das Drucken im Jahre 1440 bekannt sein, die Buchdruckerkunst mit ihrer Presse musste erst erfunden werden, und wer da meint, dass die Erfindung der Presse keine Schwierigkeiten bereiten konnte, der verräth eine grosse Unkenntnis des Buchdrucks.

Es ist auch nicht richtig, dass das XV. Jahrhundert kein Gewicht auf die Buchdruckerpresse gelegt habe, im Gegentheil spricht die erste Andeutung der neuen Erfindung im Psalter vom Jahre 1457 von der neuen Erfindung des Druckens und Buchstabenbildens *(adinventione artificiosa imprimendi ac caracterizandi)*. Man sagt, das sei unlogisch: erst käme das Buchstabenmachen und dann das Drucken; aber die alten Drucker wussten sehr wohl, was sie sagten, sie stellten das Drucken als die Hauptsache in den Vordergrund, die beweglichen Typen kamen erst in zweiter Reihe in Betracht; erst später wurde von einzelnen Buchdruckern die Schönheit ihrer Typen hervorgehoben.

In der That konnte der Buchdruck ohne bewegliche Buchstaben als Holztafeldruck bestehen und sich fruchtbringend entwickeln, ist ja doch in neuerer Zeit die höchste Vervollkommnung der Presse, die unendliche Schnellpresse, erst durch den Plattendruck (Stereotypdruck) möglich geworden, und die Briefdrucker des XV. Jahrhunderts eigneten sich bald die Presse des Buchdruckers an; dagegen hätte der Reiberdruck von Einzelbuchstaben wenig Nutzen gehabt. Ihren vollen Wert erhielten beide Erfindungen allerdings erst durch ihre Verbindung, und glücklicherweise hatten beide denselben Vater, so dass der Streit darüber, welche die vornehmste sei, wenigstens des Giftes der Persönlichkeit ermangelt und rein sachlich entschieden werden kann.

In dieser Beziehung hören wir zunächst die durch die Presse entstandene Schnelligkeit des Druckes rühmen. Nikolaus Perotus sagte 1471: Ich sah, dass jetzt in einem Monat von einem einzigen Mann soviel Schriften gedruckt werden können, wie sonst in Jahresfrist von mehreren kaum bewältigt wurden, worüber unser Landsmann, der Bischof Campanus, einen sehr schönen Vers gemacht hat:

Imprimit ille die quantum non scribitur anno.

(Er druckt an einem Tage soviel, als man in einem Jahre nicht schreiben kann.)

Die Folge der Schnelligkeit des Druckens war die Verwohlfeilung der Bücher. Johann Andreas, Bischof von Aleria, schreibt in der ersten Ausgabe der Briefe des Hieronymus (Rom, 1468, gedruckt bei Conrad Schweinheim und Andreas Pannarz) an den Papst Leo II.: »Gerade in Deiner Zeit ist zu den übrigen Gnadenerweisen Gottes auch dieses glückliche Geschenk für den christlichen Erdkreis hinzugekommen, dass auch der Aermste für wenig Geld sich eine Bibliothek erkaufen kann. Oder ist es vielleicht ein geringer Ruhm Deiner Heiligkeit, dass Bände, die man sonst kaum für tausend Dukaten kaufen konnte, heute für zwanzig und weniger Goldstücke erstanden werden und nicht wie früher voller Fehler sind?«

Da zum Drucken vieler Bogen nur eine einzige Musterform nothwendig war, so konnte auf die Herstellung derselben eine grössere Sorgfalt verwendet werden, und wir finden daher neben der Schnelligkeit und Billigkeit auch die Schönheit des Buchdrucks gelobt. Bonus Accursius schrieb an Cichus Simoneta, Mailand, am 5. Juni 1475: »Du weisst ja, dass in unserer Zeit die bekannte Kunst des Buchdrucks ans Licht getreten ist, eine wahrhaft nutzbringende und schöne Kunst, da es wegen der schwierigen Preis- und Geldverhältnisse gerade nicht für jederman leicht ist, sich Abschriften von Büchern zu verschaffen; aber wenn das, Gott sei Dank, für Dich auch kein Hindernis ausmacht, so musst doch auch Du den Druck wegen seiner kunstreichen Schönheit hochschätzen, und dann auch deshalb, weil dieser Buchdruck, sobald er einmal gleichsam richtig festgestellt ist, immer in derselben Weise durch alle Druckbogen fortschreitet, so dass ein Fehler kaum möglich ist, eine Sache, mit der es bei dem Abschreiben von Büchern bekanntlich ganz anders zu gehen pflegt.«

Dasselbe dürfte auch in der Schlussschrift des Katholikon gemeint sein, wenn von dem »wunderbaren Zusammenpassen und Gleichmass der Patronen und Formen« die Rede ist, denn dass *forma* die Druckform ist, beweist die 1474 von Lignamine gedruckte Geschichte der Päpste, worin es bei dem Jahre 1457 heisst: »Jacob, genannt Gutenberg, aus Strassburg, und ein zweiter, der Fust heisst, kundig, Buchstaben auf Pergament mit metallenen Formen (*cum metallicis formis*) zu drucken, sind dadurch bekannt, dass sie zu Mainz, einer Stadt

Deutschlands, im Tage jeder 300 Blätter machen.« Die Uebersetzung von *forma* durch Matrize ist um so weniger gerechtfertigt, als das Wort Matrize schon von Trithemius gebraucht wurde, folglich damals schon in seiner jetzigen Bedeutung bekannt war; auch ist die Uebereinstimmung der Matrizen mit den in sie eingeschlagenen Stempeln oder Patrizen eine so selbstverständliche, dass niemand Ursache hatte, dies hervorzuheben; ist dagegen Patrone als Muster oder Druckvorlage aufgefasst, welche von dem gedruckten Buche als vollständiges Ebenbild wiedergegeben wurde, so war die Erfindung des Buchdrucks eine so wunderbare Neuheit, als wenn heutzutage ein Buch mittels anastatischen Drucks vervielfältigt würde.

Ueber die Entstehung der Buchdruckerpresse haben sich ähnliche, auf vollständiger Unkenntnis des Druckverfahrens beruhende Sagen gebildet, wie über die Erfindung der Buchdruckerkunst selbst. Schon hundert Jahre nach der Erfindung trat der Mainzer Corrector Bergellanus mit dem Märchen auf, eine Weinpresse sei das Urbild der Buchdruckerpresse gewesen, und auf dem Denkmal in Strassburg prangt in Stein ein solches Werkzeug, mit welchem man wohl Trauben pressen, aber nie einen bedruckten Bogen Papier erzeugen kann. Ich habe daher in meiner »Illustrirten Geschichte der Buchdruckerkunst« der Meinung Raum gegeben, dass die Presse der Papiermacher, welche der Buchdruckerpresse ähnlich ist, den Anstoss zu letzterer gegeben habe, inzwischen bin ich aber durch die Forschungen nach dem Leben des Erfinders auf eine andere Spur gestossen, welche den richtigeren Weg zeigen dürfte. Friele Gänsfleisch, der muthmassliche Vater des Erfinders, war Hausgenosse, d. i. Geldwechsler, in Mainz; als solcher stand er mit der Münze in Verbindung, in welcher die Hausgenossen ihr Silber in Münzen umprägen liessen, und daher dürfte die Presse, auf welcher die Münzen geprägt wurden, und welche dem jungen Gänsfleisch-Gutenberg wohl bekannt sein musste, das Vorbild der Buchdruckerpresse, überhaupt die Münze die Vorschule der Buchdruckerkunst geboten haben. Im Münzwesen finden wir viele Ausdrücke der Buchdruckerei: das Schmelzgut, den Graphittiegel, die Giessformen oder Giessflaschen, in denen die Zeine gegossen wurden, das Justieren, die Matrizen, die Stempel und die Stempelschneider.

Die Münze und der Buchdruck.

Nr. 1. Buchdruckerzeichen des Jodocus Badius 1498.

Nr. 2. Englische Buchdruckerpresse aus dem XVI. Jahrhundert. (Aus Johnsons *Typographia*.)

Das Prägen der Münzplatten geschah in der Weise, dass man sie auf die vertieft gravierte Fläche des Unterstempels (Matrize) legte und den Oberstempel (Prägestempel) mit grosser Gewalt aufpresste. Die Presse bestand aus einem Stoss- und Druckwerke mit Schraube und Balancier; in neuerer Zeit ist sie durch die Kniehebelpresse (welche auch in der Buchdruckerei Eingang gefunden hat) verdrängt worden.

Man kann sich vorstellen, wie der Wechslerssohn beim Betrachten des Münzprägens auf den Gedanken kam, so wie hier die geprägte Schrift auf jeder Münze erzeugt wurde, mittels gleicher Stempel, wenn sie gefärbt würden, ein Buch zu drucken. Gewiss verliert dadurch die Erfindung an Schöpferkraft, sie tritt uns menschlich näher, wir sehen einen einfachen Gedankenübergang und wundern uns, dass man nicht schon früher darauf verfiel; aber schliesslich sind alle Erfindungen nur die Anwendung bekannter Mittel zu neuen Zwecken, und Thatsache ist, dass keiner von denen,

Buchdruckerpressen des XV. und XVI. Jahrhunderts. 7

welche mit der Erzeugung von Münzen zu thun hatten, vor Gutenberg auf den Gedanken kam, in dieser Weise Bücher zu drucken. Lieferte so die Münzpresse das Vorbild der Buchdruckerpresse, so war das Verfahren noch immer ein sehr verschiedenes: die Münzpresse druckte eine winzig kleine Fläche mit grosser Gewalt, die Buchdruckerpresse hatte grosse Flächen mit mässiger Gewalt abzufärben, sie bedurfte zunächst eines breiten, sich gleichmässig senkrecht bewegenden Tiegels. Die Herstellung dieser Presse musste fortan ausschliesslich die Gedanken des Erfinders beschäftigen, und die Holztafeln der Briefdrucker boten ein Material, welches ohneweiters zu den Druckversuchen dienen konnte, denn sie ersetzten die Prägestempel der Münze.

Wir besitzen glücklicherweise in dem Druckerzeichen des Jodocus Badius eine Abbildung der Buchdruckerpresse des XV. Jahrhunderts, in einem Holzschnitt von Lucas Cranach auf einer Grünenbergschen Randeinfassung eine

Nr. 3. Der Buchdrucker. Holzschnitt von Jost Amann.
(Aus Schoppers *Panoplia* 1568.)

Nr. 4. Die Buchdruckerpresse auf J. Grünenbergs Randeinfassung. Holzschnitt nach Lucas Cranach. Wittenberg 1520.
(Nach Butsch.)

solche von 1520, in Schoppers *Panoplia* (Darstellung der verschiedenen Gewerbe) die Abbildung einer Buchdruckerei aus dem Jahre 1568, die Abbildung einer englischen Buchdruckerei des XVI. Jahrhunderts und in L. C. Silvestres *Marques typographiques*, Paris 1867, 13 Abbildungen von Pressen der frühesten Zeit. Wir ersehen aus diesen Abbildungen, dass die Buchdruckerpresse sich bis zur Hälfte des jetzigen Jahrhunderts, wo sie den eisernen Pressen, den Schnellpressen und schliesslich der Tretpresse wich, im wesentlichen unverändert erhalten hat, wir sehen aus den frühesten Drucken, dass dieselben nur mit einem solch vollkommenen Werkzeuge ausgeführt werden konnten, wie dasselbe sich in den Abbildungen darstellt; jeder Sachverständige wird aber hieraus die Ueberzeugung gewinnen, dass die Behauptung, die Ausführung der Buchdruckerpresse habe Gutenberg gar keine Schwierigkeit bereitet, eine ganz unhaltbare ist, dass im Gegentheil die Herstellung der hölzernen Handpresse, welche sich durch vier Jahrhunderte fast unverändert erhalten hat, viel Nachsinnen, viele Versuche, ungezählte Maculaturbogen und lange Zeit erfordert hat.

Die Buchdruckerpresse besteht aus zwei rechteckigen Säulen (Presswänden), welche oben durch einen Querbalken (Krone) vereinigt sind. Dieser Querbalken ist durch Spreizen mit der Decke des Zimmers verbunden, um die Presse auch beim heftigen Druck ruhig zu erhalten. In halber Manneshöhe bewegt sich auf Schienen ein Karren durch die Presswände, welcher durch eine Kurbel bewegt wird und den Stein (Fundament) trägt, auf welchen die Druckform gelegt wird. Diese Druckform kann ebensowohl eine Platte sein, als aus beweglichen Typen bestehen; in letzterem Falle werden diese seitenweise von Holzstegen umgeben, welche der Breite der Blattränder entsprechen; der mittelste Steg enthält Vertiefungen für die Stifte (Punkturen), an denen der Bogen befestigt ist. Sämmtliche Seiten mit den Stegen, beziehungsweise die Holztafeln, werden durch einen eisernen Rahmen mittels Schrauben festgehalten, aber auch dieser wird auf dem Fundamente so festgemacht (verkeilt), dass die zu bedruckende Form genau unter dem Tiegel unbeweglich zu ruhen kommt. Wie erwähnt, befindet sich der Karren in der Presse in halber Manneshöhe, damit der Drucker

die Form bequem einschwärzen, sowie auch etwaige Correcturen in
der Form vornehmen kann.

An der Seite der Form gegenüber der Presse befindet sich ein
sich in Gelenken bewegender, der Grösse der Druckform entsprechender Deckel von Pergament in einen eisernen Rahmen eingespannt,
auf welchem der Bogen mittels Stiften (Punkturen) festgeheftet wird,
so dass er genau auf die Form zu liegen kommt und eine gleichmässige
Breite der Papierränder erzielt wird. Damit aber der Papierbogen beim
Umlegen des Deckels auf die Form nicht Luft fange, sich blähe und
an den Ecken einknicke, befindet sich neben dem Deckel, ebenfalls
durch Gelenke befestigt, ein Rahmen, in welchem die Druckseiten ausgeschnitten sind, so dass nur die zu bedruckende Fläche frei bleibt,
zugleich wird durch diesen Rahmen das Beschmutzen des Papierrandes verhütet. (In Nr. 3 ist durch einen Fehler des Zeichners dieser
Rahmen nicht ausgeschnitten und durchsichtig.) Es ist anzunehmen,
dass alle diese Bestandtheile bereits bei der ersten Presse vorhanden
waren, die Punkturen wenigstens haben sich bereits im Katholikon von
1460 vorgefunden.

Der Druck wird durch eine Schraube bewerkstelligt, welche in
zwei Querbalken der Presse ruht, mittels einer kurzen Stange (Bengel)
bewegt wird und den viereckigen, unten glatten Tiegel auf den Deckel
der Druckform so drückt, dass die Farbe der Schrift sich auf dem auf
ihr liegenden Papierbogen absetzt.

Gewöhnlich arbeiteten an einer Presse zwei Arbeiter, von denen
einer schwärzte, der andere druckte. Im Gefolge Johann Luschner's,
welcher 1498 in die Benedictinerabtei Montserrat bei Alcala berufen
wurde, um dort mehrere Bücher zu drucken, befanden sich Ulrich
Belch von Ulm, welcher die Druckerschwärze machte, Ulrich von
Zaragoza, welcher die Druckerschwärze auftrug, zwei Setzer, der
Drucker Enrich Squirol, Johann und Justus, welche an dem Pressbengel arbeiteten, Arnoldus, welcher ebenfalls Schwärze auf die Lettern
brachte u. s. w. Hiernach gedachte man zwei Pressen zu handhaben,
da zwei Arbeiter am Bengel und zwei Farbauftrager vorkommen; was
that aber Enrich Squirol, der Drucker? Jedenfalls dasselbe, was heutzutage der Maschinenmeister thut; er liess die Presse aufschlagen,

richtete den Druck zu und überwachte denselben, die mechanische Arbeit überliess er denen, welche am Pressbengel arbeiteten und die Form einschwärzten; dieser Drucker Enrich Squirol nahm bei der Montserrater Presse dieselbe Stelle ein, welche der Erfinder bei der Mainzer ersten Presse eingenommen hatte, und nichts beweist mehr den hohen Werth, welchen man im XV. Jahrhundert auf das Zurichten der Druckform legte, als diese von schwerer Arbeit befreite Stellung des Druckleiters, welche später entfiel.

Was ist das Zurichten? Die Beantwortung dieser Frage lässt die Unkenntnis derjenigen, denen die Erfindung der Presse ein Nichts, etwas Selbstverständliches ist, in vollem Lichte erscheinen. Selbst die fertige Presse liefert nicht sofort einen reinen, gleichmässig schwarzen Abzug, die Schrift ist stellenweise gar nicht oder nur undeutlich sichtbar, stellenweise zu schwarz, wenn der Druck ungleich ist. Vor allen Dingen muss daher der Druck so geregelt werden, dass der Tiegel sich gleichmässig auf die Form niedersenkt. Man bemerkt auf dem Amannschen Bilde, dass der Querbalken unter der Krone durch die Presswand hindurchgeht; an diesen Durchgangsstellen war der Ort, wo der Druck durch eingeschobene Holzspänchen so geregelt wurde, dass er gleichmässig erfolgte: daher sagt ein alter Druckerspruch:

Ein Spänchen 'raus, ein Spänchen 'rein.
Das ist dem Drucker sein Latein.

Das heisst, wie dem Schriftsetzer das Latein nöthig war, um die Handschriften zu lesen und richtig zu setzen, so war dem Drucker die Kenntnis der Mechanik der Presse nöthig, um durch eingeschobene oder herausgenommene Holzspänchen den Druck gleichmässig zu gestalten. Wenn nun aber auch hiedurch die Bewegung des Tiegels geregelt war, so war damit noch immer nicht die gleichmässige Schwärze des Bogens erreicht, da dieselbe durch Unebenheiten der Lettern u. dgl. beeinträchtigt werden konnte. Zu diesem Zwecke wurde auf dem Deckel durch Aufkleben von Papierstückchen oder durch Ausschneiden von Stellen aus der Unterlage des Druckbogens die Ebenmässigkeit erreicht, wie dies noch heutzutage selbst bei den besten Druckmaschinen nöthig ist. Der schöne gleichmässige

Die Druckerschwärze.

Druck der ältesten Bücher beweist, dass der Erfinder der Buchdruckerkunst dieses Zurichten kannte und übte, auch die Einzelblätter aus den ältesten gedruckten Bibeln, welche sich hie und da vorgefunden haben, weisen darauf hin; es waren wahrscheinlich Versuchsbogen. Man kann hiernach ermessen, welche Mühen und Schwierigkeiten es dem Erfinder gekostet hat, um eine brauchbare Presse bauen zu lassen und dieselbe für einen guten Druck herzurichten.

Auch die Erzeugung der Druckerschwärze gehörte zur Erfindung der Buchdruckerkunst; wir finden unter den Gehilfen Luschners den Ulrich Belch aus Ulm, welcher sich einzig und allein mit der Erzeugung der Druckerschwärze beschäftigte. Wohl war die Oelfarbe schon damals bei den Malern bekannt und angewendet, aber daraus folgte noch nicht, dass dieselbe sofort für die Presse anwendbar war, und auch bezüglich der Farbe zeigen die frühesten Drucke eine Vollkommenheit, welche erst durch lange vorher gemachte Versuche erreicht werden konnte.

Wir finden in den Rechnungen der von zwei Mitgliedern der Bruderschaft des heiligen Dominicus im Kloster San Jacopo di Ripoli in der Strasse della Scala errichteten Druckerei zu Florenz aus den Jahren 1474—1483, welche noch in der Magliabecchi-Bibliothek erhalten sind, folgende Bestandtheile der Buchdruckerfarbe aufgeführt: Leinöl, Terpentin, Harzpech, schwarzes Pech, Marcasit (Schwefelkies), Zinnober, Harz, fester Firniss, flüssiger Firniss, Galläpfel, Vitriol, Schellack. Gegenwärtig haben eigene Fabrikanten den Buchdruckern die Sorge um das Farbesieden abgenommen, in früherer Zeit war dasselbe ein wichtiges Geschäft des Buchdruckers und zugleich ein gefährliches; wegen der damit verbundenen Feuersgefahr musste dasselbe ausserhalb der Stadt vorgenommen werden. Das Verfahren war bis zum Anfange dieses Jahrhunderts das folgende: Zum Firnisssieden nahm man gutes, abgelegenes Leinöl, ferner einen reinen Kupferkessel, der keine Risse haben durfte, füllte denselben dreiviertel voll, stellte ihn auf einen eisernen Dreifuss und machte unter demselben mit ausgetrocknetem Holze anfangs starkes Feuer, bis das Leinöl ordentlich zu kochen anfing; war das Leinöl recht im Sieden, so nahm man einige Stücke Semmel oder Roggenbrod und hielt sie an einem hölzernen Spiess ins Oel, bis sie braun geworden waren und sich voll Oel gesogen hatten (davon sollte das Oel dunkler werden und beim Drucken die Farbe leicht trocknen); man nannte dies Abkreischen oder Abkröschen. Statt desselben bediente man sich auch der Silberglätte und Minie, oder des gepulverten Glases, oder Steinöls, oder des kostbaren Balsam copaiva. Hierauf wurde der Kessel mit einem inneren und äusseren Deckel verschlossen, eine Querstange durch den Griff des äusseren Deckels und durch die beiden Henkel gesteckt und diese Stange so verkeilt, dass sie eine gerade Richtung erhielt, damit, wenn das Leinöl zu Firniss gesotten war, der Kessel von zwei Personen vom Feuer ab und in ein in der Nähe gegrabenes Loch getragen werden konnte. Hierauf wurde der Deckel mit Lehm gut verschmiert, damit kein Oel während des Kochens herausdringen und an der Luft Feuer fangen konnte. War alles Wasser verdunstet, was man am Geruch erkennen konnte, so brachte man den Kessel in das Loch, welches mit vorher angebranntem Holz ausgewärmt war, und liess ihn eine Weile stehen, bis das Kochen nachgelassen hatte, dann öffnete man vorsichtig den Deckel und versuchte den Firniss, ob er Faden ziehe.

War der Firniss bereitet, so wurde er mit den übrigen Stoffen, die wir aus der Rechnung der Ripolidruckerei kennen, gemischt, wobei anzunehmen ist, dass das Pech verbrannt wurde, um den nöthigen Russ zu erzeugen; Schellack und flüssiger Firniss sollten der Farbe eine glänzende Oberfläche geben.

Die fertige Farbe wurde auf den Farbentisch gestrichen und dann zwischen zwei Lederballen zerrieben, welche auch zum Auftragen der Farbe auf die Schrift dienten. Diese Ballen sind erst im XIX. Jahrhundert durch die Farbewalzen verdrängt worden.

Wir haben hier eine Reihe von Werkzeugen und Verfahrungsarten kennen gelernt, deren Erfindung allein schon hinreicht, um ein Menschenhirn zu erschöpfen; wir finden es nun glaublich, wenn man vom Erfinder erzählt, er sei oft über die Schwierigkeiten, die sich vor ihm aufthürmten, verzagt und muthlos geworden, und sicher ist, dass, wenn er auch nur die Buchdruckerpresse sammt Zugehör erfunden und die Erfindung der beweglichen Typen einem

Wie vnd in welicher weiß vnd form die funfftzehen zaichen
Kumen vor dem Jungsten tag, wil ich hienach sagen. Durch
grosser grundlose parmhertzigkait, vnd überflüssiger liebin wille
die der allmechtig got zu allen menschen hat. So hat er geordi=
nieret vnd gemacht. Das dis nachgeschriben funfftzehen zaichen ge=
schehen sullen vor dem Jungsten tag, nach dem vnd das auch die ler=
er beschreiben. Also das alle element vnd geschöpffe von natürlich/
er angst vnd forcht wegen, des künfftigen Jungsten gerichtes. Vnd
des grossen gen richters zukunft, allen menschen die zu der zait im
leben sein zu einer warnung. Das sy auch pillich vorcht haben
sullen, vnd ir sünnd vnd missetat püssen. Auch rew vnd laid dar
über empfahen. Vnd das sy ire gute werck mit sparen. Biß für den
selb gestreng gericht. Do all sünd offenbar werden. vnd nach der
gerechtigkait geurtailt werden. Wann doch laider zufürchten ist/

Nr. 3. Der „Entkrist“. Holztafeldruck eines unbekannten Briefdruckers um 1450 in der Druckfarbe des Originals.
(Aus den Druckschriften des XV.—XVIII. Jahrhunderts der deutschen Reichsdruckerei.)

Anderen überlassen hätte, er sich den ewigen Dank der Nachwelt verdient hätte.

Man wird aus der vorstehenden Darlegung auch erkennen, dass die Buchdruckerkunst kein blosser Gedanke war, der zu gleicher Zeit an verschiedenen Orten auftauchen konnte, wie etwa das Rindenschneiden eines Harlemer Küsters, und noch weniger konnte eine centnerschwere Presse heimlich entwendet werden. Solche Märchen konnten nur in Köpfen von Leuten entstehen, welche von der Buchdruckerkunst weiter nichts wissen, als dass sie schwarze Buchstaben auf Papier zaubert.

In China, der Heimat des Holztafeldrucks, haben scharfsinnige Männer wiederholt versucht, den Plattendruck durch Typendruck zu ersetzen: der Schmied Pisching verfertigte um 1041 Porzellantypen, Piling später Bleitypen; aber in den vielen Jahrhunderten, während deren der Reiberdruck in China gepflegt wurde, kam niemand auf den sinnreichen Gedanken, den Druck der Schrift mittels einer Presse auszuüben.

Mag der Holztafeldruck zuerst in Holland oder sonst wo in Europa aufgetaucht und angewendet worden sein, seine fruchtbare Anwendung auf die Herstellung von Büchern durch den Druck erhielt er erst durch die Erfindung der Presse, ohne diese gab es keinen schönen Buchdruck, welcher die Handschrift verdrängen konnte; die Buchdruckerpresse trat zuerst in Deutschland auf, um sich von hier in alle Länder zu verbreiten, und wem das ausschliessliche Recht auf deren Erfindung gebürt, wird im dritten Abschnitte durch Zeugnisse der Zeitgenossen unwiderleglich nachgewiesen werden.

2. Die Buchstaben.

Es ist kein Zweifel, dass die Buchdruckerkunst durch die Verwendung beweglicher Typen eine wertvolle Bereicherung erhielt; das einfache Zusammensetzen fertiger Typen ist schneller durchzuführen, als das Schneiden von Holztafeln selbst bei der ausgebildeten Handfertigkeit, welche darin in China erlangt ist. Denn beim Holztafeldruck muss die Schrift auf das Holz gepaust und die Zeichen müssen dann ausgeschnitten werden; Correcturen, welche bei beweglichen Lettern leicht durch Herausziehen eines Buchstabens und Ersetzen durch einen anderen ausgeführt werden können, sind im Holzschnitt schwer herzustellen, denn man muss den Buchstaben aus dem Holze ausschneiden, ein anderes Holzstück einfügen und auf diesem erst den richtigen Buchstaben ausarbeiten; Aenderungen im Druck, wie sie nicht selten vorkommen, wo ganze Zeilen verschoben werden, um einen Satz einzufügen oder wegzulassen, wären bei dem Holztafeldruck unmöglich. Ist freilich die Holztafel richtig hergestellt, so bietet sie für häufig gebrauchte Bücher, wie z. B. das Schulbuch des Donatus, den Vortheil, dass sie bei einer späteren Auflage sofort in die Presse gelegt werden kann und der Neusatz, sowie etwaige durch denselben hervorgerufene Fehler vermieden werden.

Dass der Holztafelbuchdruck keine müssige Einbildung ist, beweisen zwei Holztafeln, welche sich noch gegenwärtig in der Nationalbibliothek zu Paris befinden, und von denen auf S. 16 und 17 eine chemitypische Nachbildung der von Lacroix in seiner Geschichte der Buchdruckerkunst gegebenen Abbildungen folgt.

Holztafeldruck.

Diese Holztafeln unterscheiden sich von den Arbeiten der Briefdrucker, wie sie z. B. in dem »Entkrist« vorliegen, besonders dadurch, dass Missalbuchstaben, wie sie zum Druck der ersten Bibeln gebraucht

Nr. 6. Abdruck einer Donat-Holztafel der Pariser Nationalbibliothek.
(Aus Lacroix, *Histoire de l'imprimerie*.)

wurden, hier vorkommen, und dass die Buchstaben einzeln, wie gesetzt, nebeneinander stehen. Offenbar sind diese Buchstaben mittels Patronen auf das Holz gepinselt und dann ausgeschnitten worden.

In der 36zeiligen Bibel der k. k. Hofbibliothek zu Wien befindet sich ein Abdruck von Nr. 7 eingeklebt mit der Bemerkung, dass er dieselben Typen zeige wie diese Bibel. Das ist zwar ein Irrthum, denn

Et pluraliter doceamur docemini doceantur. Futuro doctor tu doctor ille. Et pluraliter doceamur doceminor doctor. Optatiuo modo tempore presenti et preterito imperfecto vtinaz docerer docerens vel docerere ceretur Et pluraliter vtinam. doceremur doceremini doceretur. Preterito perfecto et plusquperfecto vtinam doctus essem vel fundem esses vel fuisses esset vel fuisset. Et pluraliter vtinam docti essemus vel fuissemus essetis vel fuisetis essent vel fuissent. Futuro vtinam docearis vel doceare doceat. Et plr vtinam doceamur doceamini doceant Comunctiuo modo tempore presenti

Nr. 7. Abdruck einer anderen Donat-Holztafel der Pariser Nationalbibliothek.
(Aus Lacroix, *Histoire de l'imprimerie*.)

die Versalien sind verschieden (siehe S. 23, Nr. 11), doch zeigen die gemeinen Buchstaben dieselbe Gestalt, dieselbe Grösse und dieselben Buchstabenverbindungen (Ligaturen). Aus der Vergleichung der ältesten

Druckwerke geht hervor, dass die Ligaturen älter sind als die Einzelbuchstaben. Der Erfinder der Buchdruckerkunst richtete sich genau nach den Schreibregeln seiner Zeit, welche vorschrieben, Silben wie ce, ti, bo u. s. w. in einem Zuge zu schreiben (vgl. Nr. 8). Erst die späteren Buchdrucker kümmerten sich um diese Regeln nicht mehr und setzten die Buchstaben einfach nebeneinander.

Aus diesem Grunde ist die Holztafel Nr. 6 erst in das Ende des XV. Jahrhunderts zu setzen; sie schliesst sich in der Form der Buchstaben eng an einen Donat an, welcher die Schlussschrift trägt:

Impreſſum per Jo
hanne pruſʒ Argeſt.

Das heisst: Gedruckt von Johann Prüss zu Strassburg; dieser druckte daselbst von 1483—1499. Bei der Durchsuchung der von Prüss gedruckten, in der k. k. Hofbibliothek zu Wien vorhandenen Bücher fand ich diese Missaltypen erst in einem seiner späteren Drucke, in Alexanders Grammatik 1499, als Auszeichnungsschrift auftreten, und hier machten diese Typen auf mich den Eindruck, als seien es Holztypen.

Nr. 8. Buchschrift des XV. Jahrhunderts. (Nach dem Original.)

Die k. k. Hofbibliothek zu Wien besitzt mehrere Donate, welche mit solchen Missaltypen hergestellt sind: 1. Der Donat von Prüss in Folio, 18 Blätter mit je 30 Zeilen; die Buchstaben haben die Grösse des Donats Nr. 6, doch sind die Versalien andere. Merkwürdigerweise ist das Versal P einer kleineren Schrift entnommen. Dieser Donat scheint ein Holztafeldruck zu sein, weil die Oberlängen der Buchstaben merklich in den Raum der Unterlängen der oberen Zeile hineinreichen, was beim Letterndruck nur dann möglich wäre, wenn die Schrift auf kleineren Kegel gegossen ist. Nun entspricht allerdings das P einer kleineren Schrift, und zwar nicht einmal, sondern durchgängig. Was mich aber bezüglich des Letterndruckes bedenklich macht, ist, dass, wenn Buchstaben mit Ober- und Unterlängen über die Zeile hinausragen, sie Fleisch (d. i. überflüssiges Blei am Buchstaben) haben müssten, welches verhindern würde, dass zwei Striche unmittelbar aneinanderstossen; ich habe in der Tafel der von der Reichsdruckerei zu Berlin herausgegebenen »Druckschriften des XV. bis XVIII. Jahrhunderts«, welche eine Probe der 42zeiligen Bibel gibt, gefunden, dass die Unterlänge eines Buchstabens auf einen darunter stehenden Strich (-) drückte, obgleich diese Buchstaben nicht überhängen; in dem Prüssschen Donat aber stossen die Unterlängen so innig an die Oberlängen der unteren Zeile, als wären sie geschrieben. Anderseits sind die Buchstaben selbst so gleichmässig, als wenn sie gegossen wären. Der Donat trägt den Titel 𝖉𝖔𝖓𝖆𝖙𝖚𝖘 𝖒𝖎𝖓𝖔𝖗 auf einer besonderen Seite; solche Titel kommen erst in den zwei letzten Jahrzehnten des XV. Jahrhunderts vor.

2. 𝖉𝖔𝖓𝖆𝖙𝖚𝖘 𝖒𝖎𝖓𝖔𝖗 ohne Angabe des Druckers, bestehend aus 32 Blättern mit je 21 Zeilen; in diesem sind die Versalien alle von gleicher Grösse, aber von anderer Gestalt als bei Prüss, die Zeilen haben mehr Zwischenraum und ragen nicht ineinander hinein.

3. 𝖉𝖔𝖓𝖆𝖙𝖚𝖘 𝖒𝖎𝖓𝖔𝖗, gleichfalls 32 Blätter mit je 21 Zeilen, doch ist hier nicht nur das 𝕻, sondern auch das 𝕴 kleiner.

4. 𝖉𝖔𝖓𝖆𝖙𝖎 𝖊𝖉𝖎𝖙𝖎𝖔 𝖕𝖗𝖎𝖒𝖆 als Inschrift auf einem Bande, welches sich über der Abbildung einer Schule befindet, in welcher ein Lehrer, die Ruthe in der Hand, vier Knaben unterrichtet. Ich habe das Titelbild in meiner »Illustrirten Geschichte der Buchdruckerkunst« abgedruckt, hier folgt (S. 20) die Textprobe der zweiten Seite. Die Zeile 𝖉𝖔𝖓𝖆𝖙𝖎 𝖊𝖉𝖎𝖙𝖎𝖔 𝖕𝖗𝖎𝖒𝖆 hat die Grösse der Typen des Prüssschen Donats, der Text ist mit einer kleineren Schrift hergestellt, welche der Grösse des 𝕻 und 𝕴 entspricht, welche als kleinere Buchstaben in den obigen Donaten vorkommen. Auch hier bemerkt man, dass die Oberlängen der unteren Zeile in die Unterlängen der oberen Zeile hineinragen, ohne dass die Buchstaben sich quetschen oder drücken; zugleich tritt hier auch eine gänzliche Verleugnung des Rechteckes hervor, auf dem der Typenguss beruht. Bekanntlich bestehen die Typen aus rechteckigen Metallstäben, welche aneinandergereiht werden; würde ein solcher Buchstabe schief stehen, so würden seine Kanten nach oben

Artes orōnis quot sunt? octo.que? Nomen.prono men.verbum.aduerbium. participiū.coniūctio. pre posutio.interiectio. No men quid est? Pars oratio nis cum casu. corpus aut rem: pprie cōmuniter ue significans. Pro prie. ut roma tyberis. Cōmuniter. ut urbs flumen. Nomini quot accidunt? Sex. que? Qualitas. cōparatio. genus. numerus. fi gura casus. Qualitas noim in quo est? Bi partita est. Quomō? aut em unius nomen est et pprium dicit. aut multoȝ et est appel latiuum. Comparionis gradus quot sunt? tres. qui? Positiuus. ut doctus. Compara tiuus ut doctior. Superlatiuus ut doctissi mus. Que noia comparant? Appellatiua dūtaxat. qlitatem aut qntitatem significan tia. qlitatem ut bonus malus. qntitatem ut magnus paruus. Comparuus gradus cui casui seruit? Ablatiuo utriusqȝ numeri sine prepositōe. Quō? Dicimus em doctior illo vel doctior illis. Suplatiuus cui? genitiuo tm plurali vel collectiuo singulari. Quō?

Artes oīms quot sunt? octo.que? Nomen.prono men.verbum.aduerbium. participiū.coniūctio.p̄p̄ positio.interiectio. No= men quid est? Pars oratio nis cum casu.corpus aut rem :ppie cōmuniterue significans. Pro= pie.ut roma tyberis. Cōmuniter.ut urbs flumen. Nomini quot accidunt? Sex.que? Qualitas.cōparatio.genus.numerus.fi= gura casus. Qualitas noīm in quo est? Bi= partita est. Quomō? aut em̄ unius nomen est et ppriū diciſ.aut multoꝝ et est appel= latiuum. Compationis gradus quot sunt? tres.qui? Positiuus.ut doctus. Compara tiuus ut doctior. Superlatiuus ut doctissi mus. Que noīa comparant? Appellatiua dūtaxat.qlitatem aut qntitatem significan tia.qlitatem ut bonus malus.qntitatem ut magnus paruus. Compatiuus gradus cui casui seruit? Ablatiuo utriusq̄ numeri sine prepositōe. Quō? Dicimus em̄ doctior illo uel doctior illis. Suplatiuus cui? genitiuo tm̄ plurali uel collectiuo singulari. Quō?

und unten über die Grösse der anderen Buchstaben hinausragen und
die unteren Buchstaben tiefer drücken; ebenso würde ein Buchstabe,
welcher tiefer steht als die anderen, auf den unter ihm stehenden Buchstaben drücken und natürlich bildet die Vereinigung aller rechteckigen
Typen eine rechteckige Seite. Hier in diesem Donat ist die ganze Geometrie umgeworfen, die ganze Seite steht nicht im Winkel, die einzelnen
Buchstaben noch weniger und diese sind ausserdem von **ungleicher
Breite**. Es bleibt somit die Annahme übrig, dass die Buchstaben mit
Patronen aufgepinselt und auf der Holztafel ausgeschnitten sind. Fehlte
zu Donatus minor 1 und 3 die Patrone für das p oder A, oder war eine
Verwechslung geschehen, so erklärt sich die verschiedene Grösse. Dass
die Donate nicht aus derselben Druckerei hervorgegangen sind, beweist
die Verschiedenheit der Versalien.

Nun entsteht die Frage: **Warum wurden die Donate und
die ersten Bibeln mit Missaltypen gedruckt?** Wahrscheinlich
war das Vorbild der ersten gedruckten Bibel ein für das Vorlesen der
Evangelien bestimmtes Buch, welches wie alle Kirchenbücher gross
geschrieben war, um auch von den Augen älterer Priester und in den
nur von Wachskerzen erhellten Kirchen besser gelesen werden zu
können, und wahrscheinlich wollte man die Schüler durch die Missaltypen der Donate besser an das spätere Lesen der Kirchenbücher gewöhnen, auch noch zu einer Zeit, wo die Bücher mit kleinen Typen
gedruckt wurden. Nur so erklärt sich das Vorkommen dieser Donate mit
Missaltypen zu Ende des XV. Jahrhunderts, denn es gab auch Donate
mit kleinen Typen, welche man zu jener Zeit wohl als »moderne« betrachtete. Da die Missaltypen zu Ende des XV. Jahrhunderts wenig
gebraucht wurden, so lohnte es sich nicht, Stahlstempel und Matrizen
anzufertigen, um aus ihnen Typen zu giessen; die 18 bis 32 Holztafeln,
welche zu einem Donat gehörten, boten den erwähnten Vortheil unserer
Stereotypplatten, sie wurden bis zum nächsten Druck aufgehoben, und
so dürfte sich das Vorkommen von Holztafeln aus dem Ende
des XV. Jahrhunderts erklären.

Nach der Behauptung eines Zeitgenossen, des Doctors der Philosophie Paulus Paulirinus, früher Paulus von Prag genannt, von welchem
sich ein handschriftliches Sammelwerk in der Krakauer Universitäts-

bibliothek befindet, soll auch die ganze Bibel in Holz geschnitten gewesen sein. Die Stelle lautet:

[C]iripagus *est* artifex sculpens subtiliter *in* lam*in*ibu*s* ereis f*er*reis a*ut* ligneis solidi ligni a*ut* alt*ero*, ymagines sc*r*ipturam *et* omne qu*od*libet vt p*ost* impr*i*mat papiro a*ut* parieti a*ut* asseri mu*n*do faciliter omne qu*od* cupit; a*ut est* homo facie*ns* talia cu*m* patro*nis, et tempore* mei pamberge quida*m* sculpsit integram biblia*m* sup*er* lamellas *et in* qu*a*tuor septi*m*anis to*tam* biblia*m* sup*er* pergame*no* subtili pr*ae*sign*au*it *scr*iptu*r*a.

Der Formenschneider ist ein Künstler, der auf erzene, eiserne, von hartem Holz oder von anderen Stoffen gemachten Tafeln Bilder, Schrift oder irgend etwas, um es dann auf Papier, oder auf eine Wand, oder auf ein reines Blatt zu drucken, schnitzt; er schneidet alles ein, was er wünscht, und er ist zugleich ein Mann, der solches mit Patronen herstellt. Zu meiner Zeit hat einer zu Bamberg die ganze Bibel auf dünnen Platten eingeschnitten und in vier Wochen die ganze Bibel auf Pergament mittels dieses feinen Schnitzwerkes gedruckt.

Es gibt jedoch keine einzige Bibel, auf welche man diese Behauptung beziehen kann; die 36zeilige Bibel enthält Typen, mit welchen

A B C D E F G H I J M A O P Q
R S T V abcdefghilmn opqr
ſstuɛ

Nr. 11. Typen der 36zeiligen Bibel. (Facsimile nach dem Original.)

um das Jahr 1460 Albrecht Pfister in Bamberg druckte; aber diese Bibel hat zwei Eigenschaften, welche sie unzweifelhaft zum Typendruck stempeln: 1. Enthalten die fünf ersten Blätter in verschiedenen Exemplaren solche Textverschiedenheiten, dass unzweifelhaft ein Neusatz derselben erfolgt ist. Bezeichnet man den älteren Druck mit A, den Neudruck mit B, so ergeben sich folgende Blattanfänge und Schlussworte:

		A.	B.
Blatt 1,	Anfang:	[F]Rater	(F)Rater
»	Schluss:	legim*us*. Interroga	sacerdotes legem. Intātū
Blatt 2,	Anfang:	prēm tuū	
»	Schluss:	scripturar*um* ars est.	scripturar*um* ars ē:
Blatt 3,	Anfang:	quā sibi	quā sibi
»	Schluss:	ad vaccas	ruiturā domū

	A.	B.
Blatt 4, Anfang:	pingues	maiorē
» Schluss:	et vbiq*ue*	sancti p*rae*duxe-
Blatt 5, Anfang:	volitancia	rit. Paulus
» Schluss:	duplicē	duplicē

2. Stellenweise, namentlich am Ende der Bände ist eine starke Abnützung der Schrift bemerkbar.[1]) Wäre diese Bibel von Holztafeln gedruckt worden, so war 1. eine Neuherstellung der ersten fünf Blätter

> et bene erit uobis · Factum est
> autem in mense septimo uenit
> ismahel filius nathanie filij eli-
> sama de semine regio et decem

Nr. 12. Aus dem Ende des I. Bandes der 36zeiligen Bibel. (Nach Dziatzko.)

> tone septuaginta theodotonis
> editionē miscuit · asteriscis uide-
> licet designans que min⁹ āu fu-
> erant · 7 iugulis · que resupfluo

Nr. 13. Anfang des II. Bandes der 36zeiligen Bibel. (Nach Dziatzko.)

(um eine grössere Auflage zu drucken) nicht nöthig, es wären die Tafeln vorhanden gewesen; 2. konnte bei Holztafeln eine stellenweise abgenützte Schrift nicht vorkommen. Wenn der erwähnte Schriftsteller diese Bibel gemeint hat, so ist nur anzunehmen, dass dieselbe in vier Wochen rubriciert wurde. Diese Bibel hat 882 bedruckte Blätter;

---

[1]) Vgl. Dziatzko, Karl, Gutenbergs früheste Druckerpraxis, Berlin 1890 (IV. Heft der Sammlung bibliothekswissenschaftlicher Studien) und obige Proben Nr. 12 und 13.

um dieselbe in vier Wochen zu rubricieren, musste der Rubricator, die Woche zu sechs Arbeitstagen gerechnet, täglich 36 Blätter mit bunten Anfangsbuchstaben versehen, was immerhin eine ganz genügende Leistung ist.

Meinte man vielleicht, dass jemand die Bibel in Patronen ausgeschnitten gehabt hätte, dann musste er, den Tag zu zwölf Arbeitsstunden gerechnet, in der Stunde drei Blätter oder sechs Seiten, d. i. 216 doppelspaltige Zeilen, auspinseln, das ist aber eine fast unmögliche Leistung.

Es gibt zwei Bibeln, welche als die ältesten gedruckten Bücher gelten: die bereits erwähnte mit 36 zweispaltigen Zeilen, entweder in drei Bänden zu 266, 320 und 296 oder in zwei Bänden zu 446 und 436, zusammen in 882 Blättern, und eine Bibel mit 42 zweispaltigen Zeilen, in zwei Bänden zu 324 und 317, zusammen in 641 Blättern, wohl auch mit einem vierblätterigen Register, sonach in 645 Blättern. Einige Exemplare der 42zeiligen Bibel haben auf den ersten acht Seiten nur 40 Zeilen, auf der neunten 41 und erst von der zehnten an 42. Es ist hier ebenso wie bei der 36zeiligen Bibel eine Vergrösserung der Auflage von der 10. Seite an eingetreten, so dass ein Nachdruck der ersten 9 Seiten nothwendig wurde. Jedenfalls sind die Exemplare mit 40 Zeilen der ältere Druck; man gedachte an Papier zu ersparen, wenn die Zeilen enger aneinander gerückt würden, indem man den Zwischenraum aus diesen (der vor den erst im jetzigen Jahrhundert aufgekommenen Bleigletten und Durchschussstücken aus dünnen Holzspänen oder aus Pergamentstreifen bestand) entfernte, zuerst theilweise in der Mitte der neunten Seite, dann in allen Seiten; der Nachdruck wurde in gleicher Weise mit 42 Zeilen gesetzt, wie die übrigen Seiten des Buches. Beide Bibeln tragen keine Unterschrift, somit keine Angabe, wann, wo und von wem sie gedruckt wurden. Ein rubriciertes Exemplar der 36zeiligen Bibel, welches sich in Paris befindet, enthält die vom Rubricator eingeschriebene Jahreszahl 1461, im Jahre 1460 wurden schon einzelne Blätter dieser Bibel als Maculatur verwendet; ein Exemplar der 42zeiligen Bibel weist die vom Vicar des Mainzer Collegiatstiftes zu St. Stefan, Heinrich Cremer, als Rubricator eingeschriebenen Daten 15. August und 24. August 1456 auf.

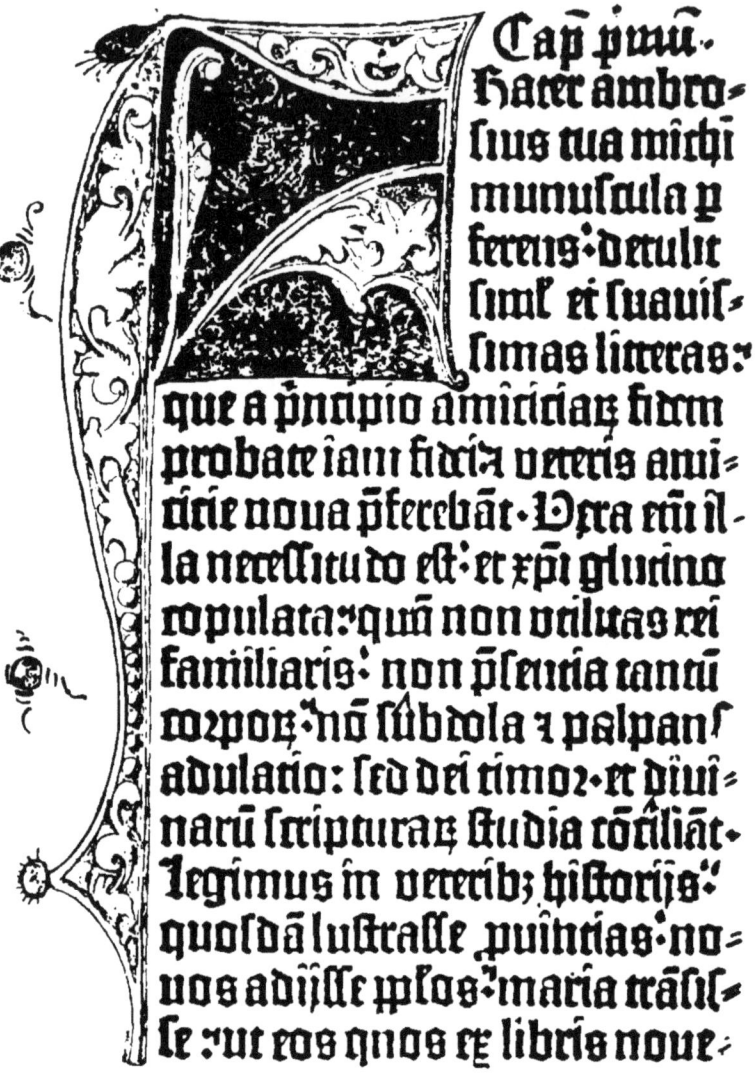

Nr. 14. Anfang der 36zeiligen Bibel. (Nach dem Original.)

Incipit epistola sancti iheronimi ad
paulinum presbiterum de omnibus
diuine historie libris·capitulū p̄mū.

Rater ambrosius
tua michi munus-
cula pferens·detulit
sif et suauissimas
lr̄as·q̄ a principio
amicicia꜠·fid̄e ꝓba-
te iam fidei ⁊ veteris amicicie noua:
pferebant. Q era enī illa necessitudo ē·
⁊ xp̄i glutino copulata·q̄m non vtili-
tas rei familiaris·nō p̄ntia tantū
corpo꜠·nō sbdola ⁊ palpās adulacō·
sed dei timor·et diuinaꝝ scripturarū
studia conciliant. Legimꝰ in veterib3
historijs·quosdā lustrasse ꝓuincias·
nouos adijsse p̄plos·maria trāsisse·
ut eos quos ex libris nouerant: corā
q̄ȝ viderēt. Sicut pitagoras memphi-
ticos vates·sic plato egiptū·⁊ architā
tarentinū·eandemqȝ oram ytalie·que

Nr. 15. Anfang der 42zeiligen Bibel. (Nach dem Original.)

Der Göttinger Bibliothekar, Herr Dziatzko, hat beide Bibeln sehr eingehend miteinander verglichen, ebenso verschiedene Exemplare jeder einzelnen Bibel. Wir verdanken ihm die Entdeckung, dass auch die 36zeilige Bibel einen Neu- oder Nachdruck erfahren hat, da die Anfangs- und Schlussworte der ersten fünf Blätter nicht übereinstimmen (siehe S. 23). Durch weitere Vergleichung der Texte ist Herr Dziatzko zu der Ansicht gekommen, dass die ersten fünf Blätter der 36zeiligen Bibel vom Original, dagegen der Neudruck dieser Blätter, sowie die übrigen Seiten der 36zeiligen Bibel Nachdruck der 42zeiligen Bibel seien; insbesondere stützt er sich darauf, dass in dem Stuttgarter Exemplar auf Blatt 10^d am Ende ein nicht hieher gehöriger Satz steht, welcher nur dadurch zu erklären sei, dass der Setzer an das letzte Wort der 42zeiligen Bibel Blatt 7^d die Anfangsworte von Blatt 9^a anfügte, somit ein Blatt überschlug, ein Irrthum, der jedoch bald bemerkt worden sein muss, da das Wiener Schwesterexemplar der Stuttgarter Bibel diese Stelle richtig zeigt. Hiemit scheint auch die spätere Rubricierung der 36zeiligen Bibel übereinzustimmen. Dem steht jedoch das gewichtige Bedenken gegenüber, dass es undenkbar ist, ein Buchdrucker habe mit der 36zeiligen Bibel, welche 882 Blätter hat, die Concurrenz mit der 42zeiligen Bibel und ihren 641 Blättern aufnehmen wollen, welche ja um den vierten Theil billiger verkauft werden konnte; wahrscheinlicher ist doch, dass der Drucker der 42zeiligen Bibel der 36zeiligen Concurrenz machte, indem er seine Bibel um ein Viertel billiger verkaufen konnte. Wir finden in den Bibeln des XV. Jahrhunderts eine fortwährende Steigerung der Zeilenzahl und Verminderung der Schriftgrösse: Mentels lateinische Bibel, welche um 1460 gedruckt wurde, hat 49 Zeilen, die 1462 von Fust und Schöffer zu Mainz gedruckte 48, eine mit Antiqualettern um 1467 gedruckte 56 Zeilen, und allmählich wird die Schrift so klein, dass Froben seine Bibel 1490 mit Nonpareille druckte.

Es dürfte doch wohl möglich sein, dass der von Herrn Dziatzko bemerkte Setzerirrthum darauf beruhte, dass eine handschriftliche Bibel in den Seiten mit der 42zeiligen Bibel übereinstimmte und durch das Ueberschlagen eines Blattes der falsche Satz erfolgte; ebenso können alle anderen Fehler beim Drucke auf der Handschrift beruhen. Die

Annahme, dass die ersten fünf Blätter nach einer guten Handschrift gedruckt wurden und dann der Satz ruhte, bis die 42zeilige Bibel gedruckt war, ist unvereinbar mit der Thatsache, dass die Blätter dieselben Papierzeichen enthalten, folglich ohne Unterbrechung gedruckt wurden, und dass das Papier zu beiden Bibeln von verschiedenen Papiermachern bezogen wurde. Auch ist es unmöglich, dass Blätter während des Druckes in die andere Buchdruckerei wanderten, um dort nachgedruckt zu werden, da die Gehilfen durch den Eid der Verschwiegenheit gebunden waren, nicht zu verrathen, was in der Druckerei gedruckt wurde.

Ein Umstand, auf welchen Herr Dziatzko auf S. 75 kein Gewicht gelegt hat, scheint mir das höhere Alter der 36zeiligen Bibel zu beweisen, nämlich der grössere Gebrauch der Abkürzungen in derselben. Herr Dziatzko sagt: »Im allgemeinen lässt sich behaupten, dass die 42zeilige Bibel sparsamer im Gebrauch von Abkürzungen ist als die 36zeilige; viel öfter sind dort die Wörter voll ausgedruckt, die in der 36zeiligen irgendwie gekürzt erscheinen. So kommt es, dass z. B. das Buch Exodus, welches in der 36zeiligen Bibel 4096 gedruckte Zeilen einnimmt und in der 42zeiligen nach der Breite der Buchstaben etwa 3316 Zeilen einnehmen sollte, hier 3387 Zeilen in Anspruch nimmt, obwohl die Columnen in der 42zeiligen Bibel noch um eine Kleinigkeit breiter sind. Diese Thatsache zeigt uns, dass in der 42zeiligen Bibel die Rücksicht auf Raumersparnis nicht allein massgebend gewesen ist, vielmehr hier auch auf leichte Verständlichkeit und Lesbarkeit grosses Gewicht gelegt worden ist.« Ich bin der Ansicht, dass in der 36zeiligen Bibel weniger auf Sparsamkeit im Raume gesehen wurde, sondern mehr auf genaue Nachbildung der Handschrift (siehe Nr. 8, S. 18).

Es liegt ein Beweis vor, dass mit Typen der 36zeiligen und der 42zeiligen Bibel gleichzeitig in zwei verschiedenen Buchdruckereien gedruckt wurde.

Am 12. August 1451 bewilligte der Papst Nikolaus V. zur Unterstützung des Königreiches Cypern gegen die Türken den Beitragenden einen allgemeinen Ablass, der während der drei Jahre vom 1. Mai 1452 bis 1. Mai 1455 in Giltigkeit bleiben sollte. Der König von Cypern,

Nr. 17. Ablassbrief mit 30 Zeilen und den Typen der 42zeiligen Bibel. (Verkleinert.)

Johann II. von Lusignan, übertrug seinem Bevollmächtigten, Paulinus Zappe (Chappe), den Vertrieb dieses Ablasses in Deutschland. Zappe reiste mit seiner vom 6. Januar 1452 datierten Vollmacht nach Mainz, dem Sitze des mächtigsten deutschen Erzbischofs Dietrich, und betrieb von dort aus durch Unterbeamte und deren Beauftragte seine Geschäfte. Solche Ablassbriefe wurden in Patentform auf Pergamentblätter geschrieben. Ein Pergamentexemplar der Ablassurkunde für Herzog Adolf von Schleswig vom 6. October 1454 zu Lüneburg ist geschrieben. Bald darauf liess Zappe die Ablassbriefe drucken, nur Name und Datum wurden geschrieben.

Die gedruckten Ablassbriefe unterschieden sich von den geschriebenen dadurch, dass der Anfangsbuchstabe, der Name Paulinus, sowie die Worte »Forma pleniffime abfolutionis et remiffionis in vita« und »Forma plenarie remiffionis in mortis articulo« mit Missaltypen gedruckt sind, und zwar in dem 31 zeiligen Ablassbriefe (Nr. 16) mit den Typen der 36 zeiligen, in dem 30 zeiligen (Nr. 17) mit den Typen der 42 zeiligen Bibel. Beide Ablassbriefe sind sowohl im Jahre 1454, wie im Jahre 1455 wiederholt gedruckt worden; folgende Exemplare haben sich bis auf die Gegenwart erhalten:

Einunddreissigzeiliger Ablassbrief.

				ausgestellt zu	gedruckt
1.	ddo.	15. November	1454	Erfurt	1454
2.	»	2. December	(1454)	?	(1454)
3.	»	31. December	1454	Mainz	1454
4.	»	2. Januar	1455	Einbeck	1454 [1])
5.	»	27. »	1455	Lüneburg	1454
6.	»	28. »	1455	Lüneburg	1454
7.	»	29. April	1455	Kopenhagen	1454
8.	»	30. »	1455	Hildesheim	1454
9.		?		Erfurt	1454
10.	»	7. März	1455	Würzburg	1455
11.	»	24. »	1455	Nürnberg	1455

---

¹) In diesen von 1455 datierten, aber 1454 gedruckten Ablassbriefen ist die Jahreszahl mit der Feder in 1455 umgewandelt.

				ausgestellt zu	gedruckt
12.	ddo.	28. März	1455	Erfurt	1455
13.	»	10. April	1455	Goslar	1455
14.	»	13. »	1455	Würzburg	1455
15.	»	21. »	1455	Constanz	1455
16.	»	28. »	1455	St. Gallen	1455
17.	»	29. »	1455	Würzburg	1455
18.	»	29. »	1455	Göttingen	1455
19.	»	30. »	1455	?	1455

Dreissigzeiliger Ablassbrief.

1.	ddo.	27. Februar	1455	Cöln	1454 [1])
2.	»	29. März	1455	Cöln	1455
3.	»	11. April	1455	Werla	1455
4.	»	24. »	1455	Braunschweig	1455
5.	»	29. »	1455	Neuss	1455

Ein vom 22. Februar 1455 datierter für den Hildesheimer Bischof Magnus, welcher bereits am 21. September 1452 gestorben war, sowie drei unausgefüllte, von denen zwei auf Papier (aber echtes des XV. Jahrhunderts) gedruckt sind, haben sich als mittels Lithographie sehr geschickt hergestellte Fälschungen erwiesen.

Aus diesen Ablassbriefen, deren Datum unzweifelhaft ist, weil die Ablassbriefe nur bis zum 1. Mai 1455 Giltigkeit hatten und thatsächlich auch keiner mit einem späteren Datum vorkommt, geht hervor, dass 1454 in Mainz zwei Druckereien bestanden; eine Druckerei ahmte die andere nach, denn es kann nicht Zufall sein, dass, während das geschriebene Exemplar keine Auszeichnungsschrift hatte, die gedruckten dieselben Auszeichnungsworte aufweisen. Die kleine Schrift der Ablassbriefe ist später nicht mehr verwendet worden, wahrscheinlich liessen die Auftraggeber sie einschmelzen. Auch die Typen, mit denen Schweinheim und Pannarz in Subiaco druckten, kommen in ihren römischen Drucken nicht mehr vor, sie blieben Eigenthum jenes Klosters.

---

[1]) In diesem von 1455 datierten, aber 1454 gedruckten Ablassbriefe ist die Jahreszahl mit der Feder in 1455 umgewandelt.

Die Typen der 42zeiligen Bibel kehren in einem Donat wieder, welcher die Unterschrift des Peter Schöffer von Gernsheim trägt;[1]) dieser nennt sich mit Johann Fust als Drucker des im Jahre 1457 erschienenen Mainzer Psalters. Ohne Zweifel waren Fust und Schöffer die Drucker des 30zeiligen Ablassbriefes.

Die Typen der 36zeiligen Bibel kehren in einem Donat wieder, ferner in einer zu Mainz gedruckten kleinen Schrift: »Eyn Manũg d' cristēheit widd' die durkc« (9 Seiten zu 20 bis 21 Zeilen), welche, da sie ein Kalender für 1455 ist, sicher im Jahre 1454 gedruckt wurde (der Inhalt scheint mit der Ausgabe der Ablassbriefe in Verbindung zu stehen), und in einem lateinischen Kalender für das Jahr 1457.

Im Jahre 1461 befanden sie sich im Besitze des Buchdruckers Albrecht Pfister in Bamberg, welcher damit den Text folgender Schriften setzte: 1. eine lateinische und eine deutsche Armenbibel (17 kleine Folioblätter mit Holzschnitten), 2. Boners Fabelbuch »Edelstein« (88 kleine Folioblätter mit 101 Holzschnitten), datiert Bamberg, 14. Februar 1561, 3. Rechtsstreit des Todes mit dem Menschen (24 kleine Folioblätter mit 5 Holzschnitten), 4. Belial (90 kleine Folioblätter) mit der Schlussbemerkung: Albrecht pfister zu Bamberg; 5. die vier Historien (58 kleine Folioblätter mit 61 Holzschnitten), gedruckt von Albrecht Pfister in Bamberg, 1462. Wenn somit Pfister für den Drucker der 36zeiligen Bibel gehalten worden ist, so war dies sehr natürlich und gar kein Grund vorhanden, die Vertreter dieser Anschauung zu beschimpfen. Einen Beweis, dass jemand anderer als Pfister die 36zeilige Bibel gedruckt hat, besitzen wir nicht, nur die Vermuthung ist vorhanden, dass der Erfinder der Buchdruckerkunst der Drucker der 36zeiligen Bibel und diese sein Erstlingswerk war.

Diese Vermuthung beruht zunächst auf der Angabe der Cölner Chronik (1499): »Diese hochwürdige Kunst ist zu allererst in Deutschland zu Mainz am Rhein erfunden, und es ist der deutschen Nation eine grosse Ehre, dass solche sinnreiche Menschen in ihr gefunden werden. Und es geschah im Jahre 1440, und von da bis 1450 ward die

---

[1]) Explicit Donatus. Arte nova imprimendi seu caracterizandi, per Petrum de Gernsheym, in urbe Moguntina cum suis capitalibus absque calami exaratione effigiatus.

Kunst untersucht und was dazu gehört, und im Jahre 1450, welches ein goldenes Jahr war, begann man zu drucken, und das erste Buch, welches gedruckt wurde, war die lateinische Bibel, und sie ward mit einer grossen Schrift gedruckt, mit welcher man jetzt die Missalbücher druckt.«

Herr Dziatzko, welcher der Ansicht ist, die 42zeilige Bibel sei älter als die 36zeilige, macht zwar nicht mit Unrecht geltend, dieser Satz könne sich auch auf die mit kleineren Buchstaben gedruckte 42zeilige Bibel beziehen, denn der Chronist meine offenbar nur jene Schriftart, welche in den Missalen angewendet wurde, und welche in neuerer Zeit unter dem Namen Mönchsgothisch bekannt ist; ob die Buchstaben ein wenig grösser oder kleiner seien, entscheide nicht, denn auch die kleineren Typen seien noch immer gross gegenüber den zu Ende des XV. Jahrhunderts gebräuchlichen Buchtypen, welche der jetzigen Druckschrift an Grösse entsprechen.

Was mich veranlasst, der 36zeiligen Bibel das Altersvorrecht einzuräumen, sind rein technische Gründe: ich halte die Buchstaben dieser Bibel für geschnittene Holzbuchstaben, die der 42zeiligen Bibel für gegossene Metalllettern und bin der Ansicht, dass die bei den Holzbuchstaben gemachten Erfahrungen zur Anwendung des Letterngusses drängten. Ich habe diese Ansicht bereits in meiner »Illustrierten Geschichte der Buchdruckerkunst« ausgesprochen und alle die absprechenden Urtheile gelesen, welche darüber gefällt worden sind; sie haben jedoch meine Ueberzeugung nicht erschüttern können.

Es ist ja nichts leichter, als zu behaupten, Gutenberg habe Stempel, Matrizen und das Letterngiessen erfunden, wenn man es nicht zu beweisen, sondern nur diejenigen, welche nicht daran glauben wollen, als Dummköpfe, Dilettanten und (nach Bismarckschem Muster) als Gutenbergfeinde zu bezeichnen braucht, um die Kritiker so zu verblüffen, dass sie nur über den ungehobelten Ton die Nase rümpfen und denken, der Mann müsse doch Recht haben, denn sonst würde er nicht so gewaltig schimpfen. Natürlich geht man dann das nächste Mal weiter und behauptet keck, Gutenberg sei ein Goldschmied gewesen, ohne auch nur einen Gran eines Beweises beizubringen, und hat wirklich die Freude, diese Behauptung gedankenlos nachgebetet zu sehen, denn auch Gelehrsamkeit schützt vor Thorheit nicht. Dieser Gutenberg, von welchem hier die Rede ist, war der Sohn eines Hausgenossen (der Münze), d. i. eines Geldwechslers, welche das Aufsichtsrecht über die Goldschmiede hatten, denn letztere durften nicht mehr Gold und Silber vorräthig haben, als sie zu ihrem Geschäfte benöthigten. Es liegt gar kein Grund vor, welcher Gutenberg veranlassen konnte, die Stufe zum Goldarbeiter hinabzusteigen, als die Ansicht eines Pastors des XIX. Jahrhunderts, Gutenberg müsse Goldschmied gewesen sein, weil nur diese gravierten. Diese Ansicht lässt ausser Acht, dass in der Münze Stempelschneider vorhanden waren, dass dieselben Matrizen machten, dass sie mit Giessflaschen gossen u. s. w., kurz dass der Geldwechslerssohn ohne alle Goldschmiedekunst in der Münze, deren Hausgenosse sein Vater war, alle Kenntnisse der Schriftgiesserei erwerben konnte.

Um ein Stempelschneider zu werden, braucht man nicht Fachmann zu sein. Die Geschichte der Buchdruckerkunst lehrt, dass mehrere der besten Stempelschneider ihre eigenen Lehrmeister waren: John Baskerville war ursprünglich Schreiblehrer und Lackierer zu Birmingham und fasste 1750 den Entschluss, sich im Stempelschneiden zu versuchen, um die Typen zu verbessern, er wurde einer der berühmtesten Stempelschneider seiner Zeit; Moor war Silbertreiber zu Birmingham und wurde 1770 Stempelschneider und Schriftgiesser; Ilive war Buchdrucker und wurde ein geschickter Graveur; Fenwick war ein Schlosser zu Oxford und wurde von Caslon zur Herstellung und zum Ausbessern seiner Giessinstrumente verwendet, was ihn auf den Gedanken brachte, sich selbst als Stempelschneider zu versuchen; Caslon war Graveur, der auf die Schlösser der Gewehre Zierraten stach, und wurde einer der ersten Stempelschneider; Fleischmann, geboren zu Nürnberg 1701, war Schriftgiesser und wurde der berühmteste Stempelschneider Hollands; der Italiener Bodoni, 1740 geboren, war Schriftsetzer und erhielt als solcher den Auftrag, die in Unordnung gerathenen Stempel der orientalischen Alphabete in Ordnung zu bringen; diese Arbeit führte ihn auf den Gedanken, sich selbst im Schneiden und Giessen von Lettern zu versuchen, er wurde der beste Stempelschneider aller Zeiten; der Franzose Derriey, geboren

1808, wurde Schriftsetzer, dann Schriftgiesser und Stereotypeur, er begann mit 27 Jahren das Stempelschneiden und entzückte unser Jahrhundert mit den wunderbaren Schöpfungen seiner Hand; Unger, geboren 1750 zu Berlin, war Holzschneider und schnitt später in Stahl die schöne Ungersche Fractur; der 1768 geborene Walbaum war Lehrling in einem Materialwarengeschäfte, mit welchem eine Conditorei verbunden war; da er hier mit der Anfertigung von Formen beschäftigt wurde, beschloss er, nachdem er ausgelernt hatte, auf eigene Faust als freier Mann vom Formenstechen zu leben; diese Beschäftigung führte ihn auf die Stempelschneiderei, seine Lettern waren in der ersten Hälfte unseres Jahrhunderts in Deutschland sehr beliebt. Allerdings schnitt auch der Goldschmied Bernardo Cennini 1471 Stempel für den Buchdruck, aber daraus folgt nicht, dass der Erfinder der Buchdruckerkunst Goldschmied gewesen sein müsse. Jenson soll ein Graveur der Münze gewesen sein.

Ich gebe zu, dass im XV. Jahrhundert Alles vorhanden war, was zum Schriftgiessen gehört: die Kunst, den Stahl weich für das Schneiden und hart für das Einschlagen zu machen, musste vorhanden sein, schon die Waffenschmiede mussten das kennen, ebenso die Münzmeister; die Matrizen waren bekannt und das Giessen, es bedurfte nur der Hand und des Gedankens, diese Bereitungsarten in den Dienst des Buchdrucks zu stellen, und ich gebe auch zu, dass die kleine Schrift der Ablassbriefe mittels Punzen, Matrizen und Gusswerkzeugen hergestellt ist, aber in der 36zeiligen Bibel vermisse ich die Erzeugnisse der Schriftgiesserei.

Die Kupfermatrize, in welche der Stahlstempel eingeschlagen ist, muss diesen Stempel verkehrt als getreuestes Ebenbild enthalten; die Buchstaben, welche aus dieser Matrize gegossen werden, müssen genau einer wie der andere aussehen, es gibt kein Mittel, eine grössere Gleichheit zu erzielen, als flüssiges Blei in harte Formen zu giessen, und diese Gleichheit der Buchstaben vermisse ich in der 36zeiligen Bibel. Die Unterschiede zwischen den verschiedenen m, n, a,[1]) u, i u. s. w. sind gering, kaum zu bemerken,

---

[1]) Die sonderbare Gestalt des ersten a in palpan' (Nr. 14, S. 26) rührt von einem Wurmstich im Papier her.

No. 19. Typen der 36zeiligen Bibel in doppelter Grösse.

Man beachte die verschiedene Form der Buchstaben **co** in der ersten Zeile, wie die des **u** in demselben Worte; man vergleiche das **u** in **fepruaginta** mit dem von **fu** in der dritten Zeile, bei letzterem ist der erste Strich kürzer, wieder anders ist das **u** in **birgulis**; man vergleiche das **t** in **·ginta** mit dem unmittelbar folgenden grösseren in **thcobo**; man sehe die Verschiedenheit der **ß**, von denen jedes eine andere Form hat; man beachte die auffällige Verschiedenheit jedes Buchstaben in den beiden **que** der dritten und vierten Zeile, die beiden **a** in **fepruaginta**; man vergleiche das **g** in **brsignans** mit den übrigen **g**, und man wird finden, dass der vordere Theil schmäler ist u. s. w. Es ist zu dieser Vergrösserung, absichtlich der Anfang des zweiten Bandes genommen, der sich durch seine neuen Typen auszeichnet, wie oben (S. 24) nachgewiesen ist, so dass von einer Verderbung oder Zerquetschung der Typen durch den Gebrauch nicht die Rede sein kann.

aber sie sind vorhanden. Ich habe die 36zeilige Bibel in Gesellschaft des Chefs der Hofschriftgiesserei Brendler & Marklowski, Herrn Karl Brendler, der selbst ein ausgezeichneter Stempelschneider ist, geprüft; Herr Brendler hat sich nicht mit derselben Entschiedenheit für geschnittene Typen ausgesprochen wie ich, er glaubte bei einzelnen Buchstaben denselben Fehler zu entdecken, aber er konnte sich auch nicht mit derselben Entschiedenheit wie bei der 42zeiligen Bibel für gegossene Lettern erklären; nur eines konnte er mit Bestimmtheit aussprechen: die Divise (*) sind **nicht gegossen**, die ungleiche Entfernung der beiden Striche von einander ist bei gegossenen Buchstaben **unmöglich**.

Diese eine Thatsache ist entscheidend; wer Stahlstempel für das ganze Alphabet schnitt, würde diese einfachste, leichteste Figur auch geschnitten haben. Anders aber ist es, wenn die Buchstabenbilder mittels Patronen auf Holz gemalt und dann ausgeschnitten wurden,

condidit

Nr. 19. Ein Facsimile aus dem Psalter.

denn in diesem Falle hielt man es für überflüssig, eine Patrone für das einfache Divis zu machen, diese beiden Striche schnitt man aus freier Hand ins Holz, und deshalb sind ihre Entfernungen ungleich. Die übrigen Buchstaben sind mit der genauesten Nachahmung des Vorbildes geschnitten und können daher auch das Auge des Fachmannes täuschen; wir haben eben hier keine Stümperarbeit vor uns, sondern eine ausserordentlich geschickte Hand.

Ich habe, um die Unterschiede der einzelnen Buchstaben besser erkennen zu lassen, vier Zeilen dieser Bibel in doppelter Grösse photographieren lassen und verweise in dieser Beziehung auf die beistehende photomechanisch erzeugte Hochätzung.

Uebrigens bin ich der Meinung, dass diese Holzbuchstaben nicht die einzigen sind, und Herr Brendler stimmte bei der Prüfung des Psalters von 1457 mir bei, dass dessen Typen **gleichfalls geschnitten** sind. Ich habe zum Beweis dessen in meiner »Illustrierten Geschichte der Buchdruckerkunst« das Wort **condidit** genau abgebildet,

40 Geschnitzte Holzbuchstaben.

in welchem das zweite b stärker ist als das erste, und lasse diese Abbildung hier (S. 39) nochmals folgen.

Ein Prof. Kraus, dessen Schrift ich nicht kenne, soll behauptet haben, die verschiedene Stärke dieser Buchstaben sei kein Beweis für

Nr. 20. Alphabet der grossen Psaltertypen. (Facsimile nach dem Original.)

Nr. 21. Alphabet der kleinen Psaltertypen. (Facsimile nach dem Original.)

das Geschnitztsein derselben, es komme öfter vor, dass ein Buchstabe aus einer anderen Schrift sich in einen falschen Setzkasten verirre. Ich kann diesem Herrn versichern, dass ich Kennerauge genug habe, um sofort einen Garmondbuchstaben in einer Bourgeoisschrift auf gleichem Kegel zu erkennen; ich bin aber in der Lage, zu beweisen, dass es im Jahre 1457 eine Schrift von der Grösse und Stärke des zweiten h nicht gegeben hat; es gab nur zwei Psaltertypen, eine grosse und eine kleine, die Alphabete auf S. 40 zeigen dieselben, zugleich aber auch, dass die Grössenunterschiede viel auffallender sind als bei den zwei h in conbibit. Die Herren irren sich, wenn sie glauben, ich stelle mit demselben Leichtsinn wie sie Behauptungen auf.

Auch in den Drucken späterer Zeit glaube ich Holzbuchstaben begegnet zu sein, und zwar in den Auszeichnungsworten, welche zu Anfang eines Buches oder als Ueberschriften der Capitel mit grösseren, besonders mit Missalbuchstaben, gedruckt wurden. Bei den wenigen Buchstaben, welche man dazu bedurfte, mochte sich das Herstellen von Punzen, Matrizen und gegossenen Buchstaben nicht lohnen, und es war natürlich, dass man dieselben ebenso wie die Initiale in Holz schneiden liess. Dass manche Büchertitel ganz in Holz geschnitten sind, ist ja gar kein Zweifel. Vielleicht hat man Buchstaben auch in Blei schneiden lassen? Aber diese Frage ist Nebensache; Hauptsache ist, darzulegen, dass es denkbar war, Buchstaben nicht erst zu giessen, sondern zu schneiden. In dieser Beziehung kann ich darauf hinweisen, dass ich für den Druck meiner Bücher Hunderte von Buchstaben habe in Blei schneiden lassen müssen, weil für dieselben Stempel und Matrizen nicht vorhanden waren und weil ein Stempel zu schneiden 2 bis 3 Gulden, ein Bleibuchstabe aber nur einen halben Gulden kostete; kamen solche Buchstaben häufiger vor, so wurden von ihnen Matrizen abgenommen und aus diesen Buchstaben gegossen, der Stempel blieb immer erspart.

Es fragt sich nun, ob es möglich sei, Holzbuchstaben so herzustellen, dass sie wie Bleibuchstaben gesetzt und zum Druck verwendet werden können. Dass ich einen Versuch gemacht habe, diese Frage zu lösen, indem ich zwei Zeilen der 36zeiligen Bibel als einzelne Holzbuchstaben schneiden liess, ist mir zum Vorwurf gemacht worden, man spottete darüber, dass ich hätte »nacherfinden« wollen. Aber dieser Spott ist nur ein Beweis, dass man in den Kreisen dieser Forscher noch sehr fern von der exacten Methode der einzigen positiven Wissenschaft, der Naturforschung, ist. Die Naturforschung ist durch Prüfung und Versuche zu Erkenntnissen gelangt, bei unseren Gutenbergforschern werden nur Meinungen ausgetauscht, und wer die grösste Zahl gelesener Bücher aufweisen kann, gilt als Autorität, deren Aussprüche nie geprüft, sondern nur nachgebetet werden. Man nennt dies sehr richtig Autoritätsglauben. Nun kann allerdings ein Pastor auf Grund der Bibel verlangen, dass wir glauben, die Welt sei in sechs Tagen erschaffen, aber wenn er behauptet, Gutenberg habe die 36zeilige Bibel mit gegossenen Lettern gedruckt, so kann man auch als gläubiger Christ sich seiner geistlichen Autorität gegenüber kühl verhalten.

Ich war zu einem Versuche, Holzbuchstaben herzustellen, um so mehr genöthigt, als sogar ein Fachmann, der Harlemer Buchdrucker und Schriftgiessereibesitzer Enschedé, dieselben als unmöglich erklärt hat. Derselbe sagte: »Ich machte eine Zeile Textcorpus und zeichnete die Buchstaben auf das Holz; sodann schnitt ich die Lettern. Ich hatte sie absichtlich auf einen Sägeschnitt von einander entfernt, an gutem Geräth war kein Mangel. Jetzt kam es nur darauf an, die Lettern mathematisch viereckig abzusägen. Ich gebrauchte dazu eine äusserst dünne, aus einer sehr feinen englischen stählernen Feder gemachte Säge, so künstlich, wie Laurenz Koster sie wohl nicht halb so gut gehabt hat. Ich that mein Möglichstes, alle Buchstaben recht und parallelisch durchzusägen, es war mir aber nicht möglich. Was war zu thun? Sie zu schneiden und zu feilen geht nicht; ich versuchte es wohl, aber ich zerquetschte dadurch die Lettern. Kurz, ich sah mich ausser Stande und bin fest überzeugt, dass kein Formschneider fähig ist, einzelne hölzerne Lettern so gut zu schnitzen, dass sie ihre Quadratur (denn darauf beruht die Kunst der Linie in der Schriftgiesserei) behalten. Einige wenige Worte zum Vorschein zu bringen, würde mir gelingen, wollte ich mir die Mühe und Arbeit auferlegen, aber auf diese Art Bücher zu drucken, ist unmöglich, lächerlich und ein Hirngespinst.« Hiezu bemerkte der holländische Pastor salbungsvoll: »Wir dürfen meinem biederen Landsmanne desto unerschütterlicher glauben u. s. w.«

Was Enschedé für unmöglich hielt, ist dem Wiener Holzschneider Günther mit leichter Mühe gelungen. Enschedé schnitt nur eine Zeile in Holz, ich liess von Herrn Günther zwei Zeilen schneiden, um zu sehen, ob auch die Zeilen gegen einander Linie hielten; Enschedé liess einen Zwischenraum zwischen den Buchstaben, um sie leichter durchsägen zu können, Günther nicht, er schnitt genau nach dem Original und schnitt die Buchstaben mit dem Messer so sicher durch, dass keine Verletzung zu bemerken ist. Ich lasse sie hier nochmals abdrucken, nachdem sie bereits die 5000 Druck der Auflage meiner »Illustrierten Geschichte der Buchdruckerkunst« überstanden haben.

Freilich, meine Gegner beruhigen sich nicht; nachdem ich zwei Zeilen bringe, während Enschedé nicht einmal eine Zeile zu Stande gebracht hat, sagen sie: »Ach was! zwei Zeilen! das beweist noch nicht, dass man die Bibel damit drucken kann!« Ich für meine Person bin in meinem Gewissen beruhigt, zumal seit ich mir diese zwei Zeilen von der Buchhandlung, in deren Verwahrung sie acht Jahre geblieben waren, zum Zweck der Ausarbeitung der vorliegenden Schrift ausfolgen liess. Da erhielt ich keine einzelnen Buchstaben, sondern einen

que a principio amicitiae fidem
probate iam fidelis veteris ami

Nr. 22. Holzbuchstaben nach dem Muster der 36zeiligen Bibel.

compacten Holzstock von zwei Zeilen. Aber es waren doch einzelne Typen? Ich betrachtete den Holzstock genauer und fand feine dünne Streifen dem Holz entlang. Ich drückte fest an, und jetzt erst durch Anwendung von Gewalt lösten sich die einzelnen Buchstaben ab: diese Holzbuchstaben zeigten dieselbe Eigenschaft wie neugegossene Metalllettern, nämlich ausgedruckt und mit Lauge gewaschen, so zusammenzubacken, dass sie nur mit Mühe getrennt werden können. Ich habe diese Buchstaben dem Custos der k. k. Hofbibliothek zu Wien, Herrn Dr. A. Göldlin von Tiefenau, der den Gutenbergforschern wohl bekannt ist, gezeigt; sie stehen auch allein wie eine Reihe Soldaten. Für mich ist der Beweis geliefert; mehr Buchstaben herstellen zu lassen, ist nicht meine Aufgabe: ich überlasse es irgend einem Spitzbuben, auf diese Weise mit Holztypen die 36zeilige Bibel nachzudrucken und sie den Herren Bibliothekaren anzuhängen, denn wenn jetzt eine Gutenbergbibel auf Papier 40.000 bis

50.000 Mark wert ist, so macht ein Nachdrucker ein gutes Geschäft; ein ehrlicher Mann würde jedoch, wenn er diese Arbeit unternähme und sie als xylographische Nachbildung offen ausgäbe, kaum zu seinen Kosten kommen, denn Nachbildungen werden nicht bezahlt, und diese Bibeln haben nur einen Liebhaberwert.

Herr Dziatzko geht in dem Glauben an gegossene Buchstaben der 36 zeiligen Bibel noch weiter als die übrigen Gläubigen, er nimmt an, dass die Abkürzungsstriche und -buchstaben übergesetzt seien; aber jeder praktische Buchdrucker wird ihm sagen können, dass er sich irrt. Wir haben dieses Uebersetzen erst in neuerer Zeit bei hebräischen und arabischen Buchstaben eingeführt, nachdem wir sehr genaue Ausschliessungen haben, und doch ist hier schwer einzuhalten, dass die übergesetzten Buchstaben genau an der richtigen Stelle stehen. In dem hebräischen Setzkasten des XVIII. Jahrhunderts, den ich in meiner »Illustrierten Geschichte der Buchdruckerkunst« abgebildet habe, sind diese Punkte angegossen, oder die Buchstaben sind überhängend gegossen, damit die daneben gestellten Lesezeichen über oder unter den Buchstaben zu stehen kommen. Ich kann Herrn Dziatzko sagen, dass, wenn die Buchstaben auf m-Kegel so gegossen wären, dass die Ober- und Unterlängen überhingen, so wären letztere häufig vom Druckerballen beim Auftragen der Farbe und beim Waschen der Schrift abgerissen worden; ich habe in dieser Beziehung bei den stenographischen Buchstaben genug Erfahrungen gemacht, obgleich wir jetzt statt der harten Druckerballen weiche Syrupwalzen verwenden. Schliesslich scheint Herr Dziatzko ganz vergessen zu haben, dass in dem mit den Typen der 36 zeiligen Bibel gedruckten Donat ein *i* vorkommt, dessen Punkt unten steht, weil es verkehrt gesetzt ist. Diese i-Häkchen waren also untrennbar mit dem Buchstaben verbunden.

Auf Holzbuchstaben weist ferner der Gebrauch hin, Buchstabenverbindungen (Ligaturen) aus zwei verstümmelten Einzelbuchstaben herzustellen, was sich nur in der 36 zeiligen Bibel findet (in der 42 zeiligen Bibel sind diese Ligaturen aus einem Stück gegossen). Bei diesen Zusammensetzungen findet man oft einen feinen Zwischenraum, der nicht vorkommen sollte. Herr Dziatzko glaubt, diese Buchstaben seien zusammengelöthet; aber gerade in diesem Falle würde man die Lücken zusammengelöthet haben. Die Verstümmelung der Buchstaben fand dadurch statt, dass man von den Buchstaben an der Seite etwas abschnitt; war dieser Schnitt nicht gerade, sondern der Buchstabe am Fusse stärker als am Kopfe, so entstand die Lücke. Gerade die leichte Spaltbarkeit des Holzes war geeignet, zu diesen Versuchen zu verlocken, Blei oder Metall muss abgefeilt werden, und diese mühsame Arbeit reizte gerade nicht, die Buchstaben einzeln herzustellen, um sie dann zu kuppeln. Auch dieser Umstand scheint mir den Altersvorzug der 36zeiligen Bibel zu beweisen, man glaubte mit den Einzelbuchstaben auszukommen; erst als die Mängel hervortraten, griff man in der 42zeiligen Bibel zum Giessen der Ligaturen.

Auf Holz weist die starke Abnützung der Buchstaben hin, welche am Ende der Bände zu bemerken ist; meine Holzbuchstaben haben zwar 5000 Abdrücke überdauert, aber sie sind aus Buchsbaumholz, im XV. Jahrhundert gebrauchte man das weichere Birnbaumholz; allerdings würden auch weiche Bleibuchstaben dieselbe Abnützung zeigen. Da die Münzer in ihren Giessflaschen auch »Zeine« (Metallstäbe) gossen, so waren geschnitzte Bleitypen nicht unmöglich.

Die Entstehung des Typendrucks erklärt sich aus dem grossen Umfange der Bibeln. Nachdem die Presse hergestellt und beim Holztafeldruck erprobt war, sollte der Druck der Bibel die Erfindung krönen und ihr die fromme Weihe geben. 18 grosse oder 32 kleine Holzdonattafeln herzustellen, war keine allzugrosse Arbeit, aber 1764 grosse Folioholztafeln kosteten ein Vermögen und boten keinen Nutzen, denn der Erfinder mochte denken, dass einige hundert Bibeln für Klöster und Kirchen vollkommen ausreichend wären, auf Private konnte kaum gerechnet werden.

Dadurch entstand der Gedanke, die Seiten mit einzelnen Typen herzustellen, die nach dem Druck auseinander genommen und zur Bildung neuer Seiten verwendet werden konnten. Aber nicht so nahe wie das Bedürfnis der beweglichen Typen war das Bedürfnis nach gegossenen. Schon die grosse Zahl der herzustellenden Figuren, von denen einzelne nur in wenigen Exemplaren gebraucht wurden, rückte den Gedanken an die Massenherstellung mittels des Giessens in die Ferne. Für die 36zeilige Bibel wurden gebraucht:

1. Versalien 22
2. Gemeine Buchstaben 26
3. Buchstaben zum Ansetzen . . . 31
4. Buchstaben mit Abkürzungen . . 33
5. Lesezeichen 9

121 Buchstaben.

Nach einer vorgenommenen Auszählung kamen in einer Spalte vor:

D E h J m n p ß S C
1 6 2 1 2 1 1 1 1 1

a b c d e f g h i l m n o p q r ſ s t u v x
45 8 39 24 66 10 4 9 36 14 30 20 28 17 9 14 0 17 27 45 40 11 1

Dieselben Buchstaben zur Verbindung geeignet:
5   5 9 29   2 3 35 8   3 6 7   18   6   19 13   2

Zu einer Spalte waren 900 Buchstaben nöthig, für die Zeile im Durchschnitt 26 Buchstaben; mit 3600 Buchstaben konnte die ganze Bibel hergestellt werden, und dazu wurden von den häufigst vorkommenden Buchstaben

e   l   a   t   u   c   m   o   ß   d   n   p   v
264 252 180 180 160 146 120 112 108 96 80 68 56

nöthig, bei vielen Buchstaben war ein Dutzend ausreichend, wozu für solche kleine Häufchen Stempel, Matrizen und gegossene Buchstaben?

Ich habe bereits in meiner »Illustrierten Geschichte der Buchdruckerkunst« an einer schief gedruckten Seite des Psalters von 1457 nachgewiesen, dass nicht mehr als je eine Seite gedruckt wurde; Wie bereits S. 9 erwähnt, ist (im »Centralblatt für Bibliotheken« V, 91) nachgewiesen worden, dass sowohl im Katholikon von 1460, als in der Fust-Schöfferschen Bibel von 1462 Punkturen, und zwar auf jeder Seite deren vier, vorkommen. Hiemit entfällt die grosse Zahl von Buchstaben, welche man früher für den Druck nöthig hielt, indem man den Bedarf einer Quinione, also 20 Seiten berechnete. Auch wenn man den Angriff des Werkes an mehreren Stellen mit mehreren Setzern und Pressen annimmt, so reichten selbst bei drei Pressen höchstens 10.000 Buchstaben aus, thatsächlich waren viel weniger nöthig, da nur die häufig vorkommenden Buchstaben entsprechend vermehrt zu werden brauchten.

Ein anderer Umstand, welcher zum Schnitzen drängte, bestand in der Schwierigkiet, Buchstaben von der Grösse der Typen der 36 zeiligen Bibel rein zu giessen, woraus sich auch die geschnitzten Typen des Psalters hinreichend erklären.

Die Herstellung dieser Buchstaben mag ziemliche Zeit erfordert haben, nach der Chronik von Cöln dauerte die Vorbereitung zehn Jahre, und wer die Nachrichten derselben sonst als giltig anerkennt, wird dieselbe in diesem einzelnen Punkte nicht beanständen können.

Die Erfahrung, dass die so mühsam hergestellten Typen sich bald abnützten, musste den Erfinder veranlassen, sich um einen andern Stoff umzusehen.

Nr. 23. Der Schriftgiesser. Holzschnitt von Jost Amann.
(Aus Schoppers Panoplia 1568.)

Nach den Berichten der Zeitgenossen wurde mit ehernen Typen gedruckt; das Wort aes bedeutet ebensowohl Messing, als jede andere Metallmischung. Um auch in dieser Beziehung Erfahrungen zu machen, nahm ich einige meiner Holztypen, ging zu einem Metallgiesser und fragte ihn, ob er mir daraus Messingbuchstaben machen könne. Er antwortete, er sei zwar nicht darauf eingerichtet, aber einige Buchstaben könne er mir machen. In der Werkstätte des Metallgiessers sah ich dieselben Siebe wie in der Abbildung des Schriftgiessers von Jost Amann, ich sah die Arbeiter mit demselben Formsand hantiren, wie ihn nach Gessner die Buch-

Gegossene Messingbuchstaben.

drucker des vorigen Jahrhunderts noch verwendeten, und in derselben Weise, wie dieser das Abformen der Buchstaben beschreibt. Die Messingbuchstaben, welche ich das Stück zu zwei Kreuzer erhielt, zeigen dieselbe etwas unreine Oberfläche, welche den Typen der 42zeiligen Bibel eigen ist, wie die folgende Probe zeigt:

effppmm

Nr. 24. Messingbuchstaben aus Holzbuchstaben geformt.

und ich gewann die Ueberzeugung, dass die 42zeilige Bibel mit derlei Messingbuchstaben hergestellt ist. Aber auch hiezu bedurfte es keiner Stahlstempel und keiner Kupfermatrizen, hiezu genügte ein einfacher geschnittener Buchstabe, nur ging die Arbeit langsam vonstatten.

Gegenüber der 36zeiligen Bibel mit ihrer sichtbar allmählichen Abnützung der Buchstaben zeigt die 42zeilige Bibel vom ersten bis zum letzten Blatte dieselbe Form der Buchstaben, eine Abnützung trat bei diesem harten Metall nicht ein. Hier finden wir denn auch die Verbindungen zusammengegossen, und die Gleichheit der Buchstaben zeigt keine andere Abweichung, als sie eben der Rothguss mit sich bringt.

Diese Umwandlung der Typen erklärt das Auftreten der beiden Schwesterbibeln. Es gibt ein Erfinderfieber, welches den davon Betroffenen nicht ruhen lässt. Kaum ist ein Gedanke ausgeführt, so eröffnet er eine neue Gedankenreihe, wie die Ersteigung eines Berges oft nur die Aussicht auf dahinter liegende höhere Berge erschliesst: die Thatkraft drängt vorwärts, obgleich die Zeitgenossen sich kaum an das Geschaffene gewöhnt haben und die Ernte der Mühen noch nicht begonnen hat. Noch waren vielleicht wenige Bibeln des ersten Drucks verkauft, noch lag das ganze darauf verwendete Capital in diesen Büchern fest gebannt, als die neue Entdeckung des Giessens den Erfinder antrieb, dieses sofort für die Herstellung einer neuen Bibel zu verwenden; die Vollführung des ersten Werkes führte ihm einen Gesellschafter für das zweite Werk zu, denn das erste Werk war gelungen, und das zweite konnte um so weniger fehlschlagen; bis die zweite Bibel gedruckt war, konnte die erste nach und nach verkauft sein, und dann musste die zweite, weniger Seiten umfassende und billigere in den Handel gebracht werden. So mochte der Erfinder glauben und rechnen, aber in Einem verrechnete er sich: sein Gesellschafter Fust blieb ihm nicht treu, wir sehen in Mainz 1454 zwei Druckereien, eine mit den Typen der 36zeiligen, die andere mit denen der 42zeiligen Bibel arbeiten, und diese letztere war im Besitze des Fust.

Dass beide Bibeln aus derselben Werkstätte hervorgegangen sind, wenigstens in ihren Anfängen, beweist die grosse Uebereinstimmung der Satzweise und hat sich bei Herrn Dziatzkos genauen Untersuchungen immer mehr und mehr herausgestellt, doch kann von einem gleichzeitigen Druck keine Rede sein, da das Papier beider Bibeln verschiedene Wasserzeichen aufweist; es ist nur anzunehmen, dass die 42zeilige nach der 36zeiligen gedruckt wurde. Dass mit Holzbuchstaben eine Bibel gesetzt wurde, nachdem eine solche mit Messingbuchstaben hergestellt worden war, ist rein unmöglich; geschnitzte Holzbuchstaben sind theurer als Messingguss.

Während aber beide Gesellschafter noch mitsammen arbeiteten, müssen Versuche gemacht worden sein, ein leichteres Gussverfahren ausfindig zu machen, da der Rothgiesser nur langsam die Messingtypen liefern konnte. Hier mögen dem Erfinder Rathschläge aus der Münze zugegangen sein, mittels Punzen Matrizen zu schlagen und diese zum Giessen zu verwenden.

Aber die Messingtypen der 42zeiligen Bibel konnten nicht aus Kupfermatrizen gegossen sein, weil Messing Zink enthält und dieses das Kupfer zerstört. man musste nach anderem Material suchen, denn Blei ist zu weich. Es gibt eine Unzahl Metallmischungen vom Blei bis zum harten Glockenmetall, welches selbst von der Stahlfeile nicht angegriffen wird; es kommt nur darauf an, welche Mischung die grösste Härte mit dem leichtesten Guss verbindet. Für diese Metallbuchstaben konnten Matrizen gegossen werden, auch konnten für sie Matrizen mit stählernen Punzen geschlagen werden, wozu die Münze das Vorbild gab. Aus den Drucken selbst ist nicht zu erkennen, wann solche Punzen zuerst gebraucht wurden, und ob es wahr ist, dass Schöffer dieselben erfunden habe.

N principio erat verbum:& verbum erat apud deum:& deus erat verbum. Hoc erat in pncipio apud deum. Omnia p ipsū facta sūt:& sine ipso factū est nibil. Quod factum est in ipso vita erat:& vita erat lux hominū & lux in tenebris lucet. & tenebre eam non cóprehenderunt. Fuit homo missus a deo: cui nomen erat iohannes. Hic venit in testi monium vt testimonium phiberet de lumíe vt omnes crederent per illum. Non erat ille lux:sed vt testimonium phiberet de lumine Erat lux vera:que illuminat omné hominez venientem in hunc mūdum. In mundo erat & mūdus per ipsū factus est:et mūdus eum nó cógnouit. In ppria venit:& sui eum non receperūt. Quotqt autem receperūt eum. dedit eis potestatem filios dei fieri: hiis qui credunt in nomine ei9. Qui nó ex sanguini, nibus neq ex volūtate carnis. neq ex volun tate viri:sed ex deo nati sūt. Et verbum ca, ro factum é:& habitauit í nobis. Et vidim9 gloriā eius. gloriam quasi vnigeniti a patre: plenū gracie & veritatis. Iobannes testimo nium phibet de ipso.& clamat dicens. Hic erat qué dixi:qui post me véturus est. ante me factus é:quia prior me erat. Et de pleni tudine eius nos omnes accepimus & graciā p gracia:quia lex p moysen data est: gracia & veritas p ihesum cristum facta est. Deum nemo vidit vnq. Vnigenitus filius qui est í sinu patris:ipe enarrauit. Et hoc est testimo

& citharœdi pauca illa quæ ante q̄ legitimum certamen icohét:emerédi fauoris gr̄a canunt:prooemium uocauerunt. Oratores quoque ea quæ priuſq̄ cauſam exordiantur ad conciliandos ſibi iudicium animos præ loquunt:eadem appellatione ſignarunt.Siue quod iidem græci uiam appellant:id quod ante ingreſſum rei ponitur:ſic uocare é inſtitutum.Certe proœmium eſt quod apud iudicem dici priuſq̄ cauſā cognouerit:poſſit. Vitioſeq̣ in ſcholis facimus: q̣ exordio ſic utimur quaſi cauſam iudex iam nouerit:cuius rei licentia ex hoc eſt:q̣ āte de clamationem illā uelut imago litis exponit.Sed in foro quoq̣ cōtigere iſtud principio:ꝫ genus ſecūdis actionibus poteſt:primis quidem raro: nunq̄ niſi forte apud eum cui res aliunde iam nota ſit dicimus. Cauſa pricipii nulla alia eſt q̄ ut auditoré quo ſit nobis in cæteris partibus ac commodatior præparemus. Id fieri tribus maxime rebus inter auctores plurimos conſtat:ſi beniuolum:attétum:docilé fecerimus:nó quin iſta per totā actioné non ſint cuſtodienda:ſed quia in initiis maxīe neceſſa ria:per quæ ī animū iudicis:ut procedere ultra poſſimus:admittamur. Beniuolentiam autem a perſonis ducimus:aut a cauſis accipimus:ſed perſonarum non eſt:ut pleriq̣ crediderint:triplex ratio:ex litigatore:& aduerſario:& iudice.Nam exordium duci nonnunq̄ etiā ab actore cau ſæ ſol&:q̄q̄ enim pauciora de ſe ipſo dicit:& parcius:plurimū tamé ad oīa momenti eſt in hoc poſitū:ſi uir bonus creditur:ſic enī continget: ut nō ſtudium aduocati uideatur afferre:ſed pene teſtis fidem.Quare in primis exiſtimetur ueniſſe ad agendum ductus officio uel cognatio nis uel amicitiæ:maximeq̣ ſi fieri poteſt rei.pu.aut alicuius certe non mediocris exempli. Quod ſine dubio multo magis ipſis litigatoribus faciendum eſt: ut ad agendum magna atq̣ honeſta ratione:aut etiam neceſſitate acceſſiſſe uideantur.Sed ut præcipua in hoc dicentis aūcto ritas ſit:ſi oīs in ſubeūdo negocio ſuſpicio ſordium:aut odiorum: aut ambitionis abfuerit . Ita quædam in iis quoq̣ commendatio tacita:ſi nos infirmos & impares agentiū e contra ingeniis dixerimus:qualia ſūt pleraq̣ Meſſalæ proœmia. Eſt enim naturalis fauor pro laborantibus: & iudex religioſus libentiſſime patronū audit:qué iuſtitia ſua minime timet.Inde illa ueterū circa occultandā eloquentiā ſimulatio multum ab hac noſtrorum temporū iactatione diuerſa. Vitandū etiā ne contu melioſi:maligni:ſupbi:maledici in queq̣ homine ordiné ue uideamur:

Durchlöcherte Buchstaben.

Thatsache ist, dass die beiden Ablassbriefe aus dem Jahre 1454/5 keine Ueberlegenheit der Technik auf der einen oder anderen Seite zeigen, und auch die späteren Mainzer Drucke lassen keinen Fortschritt der Buchdruckerkunst erkennen; erst 1470 trat Nikolaus Jenson in Venedig mit Typen auf, welche durch die Feinheit der Züge und durch die Gleichmässigkeit der Buchstaben eine Verbesserung der Technik bekunden. Man vergleiche mit der Antiqua der Mentelbibel die Antiqua des Jenson in Nr. 25 und 26.

Die S. 47 gegebene Abbildung der Schriftgiesserei durch Jost Amann lässt ein von dem jetzigen Handgusswerkzeug ganz verschiedenes Werkzeug entdecken, welches die Gestalt einer Büchse hat; ein Zufall hat auch die Gestalt eines Buchstabens des fünfzehnten

tritatibus prifus mßrl de ppzijs in tfto dicere im sequentibo: sed butazat autentico p ir ac pagina verba fideliter curato oneae ss potissimū: nisi qñ alium dicterem noiai p? cuius verba statim sequunt verba bi me ck ipse omnes videtur toiter mgroi telerevbi de differentijs paorum agitur

Nr. 27. Eine abgedruckte Type. (Nach Madden.)

Jahrhunderts abgebildet. Der gelehrte Madden entdeckte einen Druck (Johann Niders *Leprae morales*, gedruckt von Conrad Homborch um 1476 in Cöln), in welchem auf einer Seite ein Buchstabe vom einschwärzenden Druckerballen herausgezogen und auf die Schrift zu liegen gekommen war, wo er mit abgedruckt wurde.

Man sieht in diesem Buchstaben ein rundes Loch, welches von Unverständigen für eine Signatur, d. h. für ein Zeichen gehalten wird, an welchem der Schriftsetzer erkennt, ob er den Buchstaben richtig oder verkehrt ergriffen hat. Solche Signaturen befinden sich gegenwärtig als Kerben an der Schmalseite der Typen. Der hier abgedruckte Buchstabe ist jedoch so dünn, dass er das Papier nur in sehr geringer Umgebung gehindert hat, die übrigen Buchstaben abzudrucken; bei dieser Dünne des Buchstabens ist eine gegossene Aushöhlung so unmöglich, als wollte man ohne Durchlöcherung eine Höhlung in ein Kartenblatt machen; der Kreis kann nur ein den Buchstaben durchdringendes Loch sein.

Welchen Zweck hatte dieses Loch? Aus Zufall ist es nicht entstanden, denn es ist kreisrund; von der Schraube des Rahmens kann es auch nicht gebohrt sein, da so viele Schrauben als Zeilen keinen Platz gehabt hätten; zur Verzierung hat es auch nicht gedient, und das Giessen hat es jedenfalls sehr erschwert, da der Draht, welcher das Giesswerkzeug zur Bildung des Loches durchzog, verhindert werden musste, sich mit dem Metall zu verbinden. Dieses Loch musste einen wichtigen Zweck haben, welcher die Mühe seiner Herstellung ausglich, und dieser dürfte folgender gewesen sein:

Es kommt gegenwärtig trotz der besten Bearbeitung der Typen manchmal vor, dass von der Farbewalze ein nicht festsitzender Buchstabe herausgezogen wird. Es muss billig Wunder nehmen, dass in der frühesten Buchdruckzeit, wo die Lettern kaum so gleichmässig geschliffen waren wie jetzt und die Ausfüllungsstücke kaum die jetzige Abstufung hatten, um die Zeilen gleichmässig breit zu machen, nicht öfter Buchstaben vom schwärzenden Druckerballen herausgezogen wurden, an diesem kleben blieben oder auf die Form fielen und diese beschädigten. Unser Buchstabe ist ein Divis (-) und vom Ende der Zeile weggerissen worden. Wenn das Loch im Buchstaben dazu diente, eine Schnur oder einen Metalldraht durchzuziehen, damit die Lettern nicht inmitten der Zeile vom Ballen herausgezogen wurden, so ist seine Nothwendigkeit gegeben, so erklärt sich auch, dass nur ein Buchstabe am Ende der Zeile herausgezogen werden konnte, und es erklärt sich schliesslich, wie manche Buchstaben in den ältesten Drucken so ungleich stehen können, ohne diese Ungleichheit den folgenden Zeilen mitzutheilen; sie hatten dann den Halt in sich, aber eine allmähliche Erweiterung des Loches durch die Reibung am Drahte brachte die Linienmässigkeit in Unordnung.

Hiemit stimmt überein, was Angelo Rocca in dem »*Appendix ad Bibliothecam Vaticanam*«, Rom 1591, sagt: »Denn die Typen wurden von jenen ersten Erfindern nicht so fein und leicht wie von uns behandelt, vielmehr wurden sie mittels eines durch die Löcher der Buch-

54 Schwierigkeiten bei der Herstellung der ersten Typen.

staben gezogenen Fadens zusammengehalten, wie ich mich entsinne, eine solche Art von Lettern in Venezien noch gesehen zu haben.«

Es geht hieraus hervor, dass die Buchdruckerkunst in ihren Anfängen mit Schwierigkeiten zu kämpfen hatte, von denen wir bei der jetzigen Vervollkommnung der Werkzeuge keine Ahnung haben. Ich unterlasse daher eine Abbildung der jetzigen Gusswerkzeuge, da eine solche die Leser nur irre führen könnte, denn die Vergleichung des jetzigen Giessverfahrens mit dem von Jost Amann dargestellten beweist eine ganze Umwälzung des Giessens während des XVI. und XVII. Jahrhunderts, welche dem französischen Stempelschneider Claude Garamond im XVI. Jahrhundert zugeschrieben wird; die beistehende Abbildung eines Schriftgiessers des XVII. Jahrhunderts zeigt schon eine vollständige Umwandlung des Giesswerkzeuges.

Nr. 28. Schriftgiesser des XVII. Jahrhunderts.

Welche Abänderungen aber auch das Druck- und Giessverfahren im Laufe der Zeit erfahren hat, die Grundlage war vom Erfinder der Buchdruckerkunst so tief gelegt und fest gebaut, dass der Druck der Bücher derselbe geblieben ist bis auf unsere Zeit. Die beiden starken Säulen, auf denen der Buchdruck beruht, die Presse und die Letternform, sind das alleinige geistige Eigenthum des Erfinders, der seinen Nachfolgern zum Verbessern nichts übrig gelassen hat als die Vereinfachung und Verfeinerung der Werkzeuge.

3. Der Erfinder.

Der Erfinder der Buchdruckerkunst hat sich nie genannt; stumm wie ägyptische Sphinxe liegen die ersten gedruckten Bibeln vor uns, keine gedruckte Zeile in denselben sagt, von wem, wann und wo sie gedruckt worden sind, nur aus den handschriftlichen Aufzeichnungen der Rubricatoren wissen wir die oben (S. 25) angegebenen Jahreszahlen derselben.

Die Gründe, welche den Erfinder veranlassten, sich nicht zu nennen, kennen wir nicht; seine Abstammung aus vornehmer Familie konnte ihn daran nicht hindern, denn sein Verwandter Nikolaus Bechtermünze nennt sich mit Wiegand Spiess als Drucker des Vocabulariums vom Jahre 1467. Entschieden abzuweisen ist jedoch die böswillige Behauptung, Gutenberg habe Schulden halber nicht gewagt, sich als den Drucker seiner Bücher zu nennen; denn erstens konnte es etwaigen Gläubigern in Mainz oder Strassburg nicht unbekannt bleiben, dass ihr Schuldner in Mainz Bücher drucke, zweitens sind viele Bücher des XV. Jahrhunderts ohne Namen der Drucker erschienen, und man müsste diese sonach alle als verschuldet betrachten.

I.

Leider schweigen auch die nächstliegenden zeitgenössischen Quellen über die Erfindung der Buchdruckerkunst. Der Verfasser des Chronicon Moguntinum erzählt von dem frühen Winter des Jahres 1440, von dem Einfall der Franzosen 1444, von dem achtwöchentlichen Herbstregen 1445, von der Kälte und den Maikäfern im Frühjahr 1446, von dem verwüstenden Bruderkriege der sächsischen Herzoge 1447, von dem Wassermangel des Rheins 1448, den man durchreiten, stellenweise durchwaten konnte, von den Ketzerenthauptungen 1449, aber wir finden kein Wort erwähnt von der unter seinen Augen geschehenen Erfindung der Buchdruckerkunst. Wahrscheinlich erschien ihm der Umstand, dass man anfing, Bücher in Menge zu drucken, statt einzeln abzuschreiben, für nicht wichtig genug, um unter den ungewohnten Ereignissen des Tages erwähnt zu werden. Zeitgenossen verstehen nicht immer die Tragweite der Ereignisse zu schätzen, und wenn zwischen 1440 und 1450 Donate gedruckt erschienen, welche sonst geschrieben waren, so wussten sicher die Wenigsten diesen Unterschied zu verstehen, da die Schrift ziemlich gleich war.

II.

Unter diesen Umständen kann es noch weniger verwundern, dass der Verfasser einer Handschrift, welche von späterer Hand »Sagen von alten Dingen der verehrlichen Stadt Mentze« betitelt wurde und über die Streitigkeiten der alten Geschlechter und der Zünfte von 1244 bis in die Mitte des XV. Jahrhunderts sehr eingehende Mittheilungen enthält, von der Erfindung der Buchdruckerkunst nichts berichtet; er hatte andere Sorgen, ihm lag vor allem daran, den alten Rath gegen den Vorwurf der Geldverschwendung zu vertheidigen, und die Stadt Mainz hatte so viele Schulden, dass die Namen der Bewohner von Eltville, welche ein Leibgedinge von der Stadt Mainz bezogen, und welche zu kennen für die Prüfung gewisser Acten heute sehr wichtig wäre, gar nicht genannt wurden.

III.

Eine dritte Handschrift, die Chronik der Erzbischöfe von Mainz, verfasst von dem kaiserlichen Kammerrichter Grafen Wilhelm Werner von Zimmern und bis 1555 reichend, berichtet: »Under der Regierung dieses Erzbischofs (Dietrich Schenk von Erbach, 1434 bis 1459) wardt erstlich die edell Kunst der Buchdruckerey zu Maintz in der Statt erfunden durch einen habehaften reichen Bürger daselbst,

Hanns Gudenberger genent, der all sein gütter und Vermögen darauf wenden thatt, bis er es zu wegen bracht.«

IV.

Eine vierte Handschrift, welche über die Ueberrumpelung von Mainz im Jahre 1462 berichtet und, obgleich sie aus dem Anfange des XVII. Jahrhunderts stammt, durch Sprachformen und Orthographie den Anschein eines gleichzeitigen Berichtes sich beizulegen sucht, enthält die Stelle: »Es liess auch Dietrich von Isenburg ein offen brieff abgehen, darin er sich seiner absezung halber als unrechtmessig verthedigt, undt wurden viel Exemplar getrukt von dem ersten Buchtrucker zu Meincz, Johann Guttenbergk undt hie undt wider in Stetten angeschlagen.« Leider beruht diese Nachricht auf einem Irrthum, denn nach Schaab, welcher ein Exemplar dieses Briefes gesehen hat, war dieser mit denselben Typen hergestellt, welche Fust und Schöffer zu Ciceros Werk »*De officiis*« 1465 verwendeten.

V.

Im Jahre 1457 erschien der Psalter mit folgender Schlussschrift:

Praesens spalmorum [1]) codex. venustate capitalium decoratus Rubricationibusque sufficienter distinctus, Adinventione artificiosa imprimendi ac caracterizandi. absque calami vlla exaracione sic effigiatus, Et ad eusebiam dei industrie est consummatus, Per Johannem fust Civem maguntinum. Et Petrum Schoffer de Gernszheim. Anno domini Millesimo cccc.lvij. In vigilia Assumpcionis.

Gegenwärtiges Buch der Psalmen, durch die Schönheit der Hauptbuchstaben geschmückt und mit unterscheidenden Rubriken hinlänglich versehen, ist durch die kunstreiche Erfindung des Druckens und Buchstabenbildens, ohne irgend eine Schrift der Feder so ausgeführt und zur Verehrung Gottes mit Fleiss zu Stande gebracht worden durch Johann Fust, Bürger zu Mainz, und Peter Schöffer aus Gernsheim im Jahre des Herrn 1457 am Vorabende des Maria Himmelfahrts-Tages.

Hierauf folgen die vereinigten Wappen von Fust und Schöffer. Diese Schlussschrift ist Ursache geworden, dass Fust und Schöffer für die Erfinder der Buchdruckerkunst gehalten wurden, und manche

---

[1]) Druckfehler für *Psalmorum*. — Die cursiven Buchstaben ergänzen die gebrauchten Abkürzungen.

Chronisten, welche hörten, dass Gutenberg der Erfinder sei, und diese Schlussschrift kannten, wurden irre und liessen die Namen ganz weg.

VI.

In einer Handschrift der Pariser Nationalbibliothek aus der Zeit Heinrichs II. (1547—1559), Fonds franç. 5524, fol. 152ʳ und 153ᵣ, befindet sich folgende Nachricht:

Le IIII ᵉ Jour doctobre mil IIII ᶜ LVIII Le*dit* S' roy ayant entendu que mess* Jehan guthenberg ch*eval*i*er* demourant a mayence pays dallemaigne homme adextre en tailles et caracteres de poinconx auoit mis en lumiere L'invention de imprimer par poincons et caracteres curieulx de tel tresor le*dit* S' Roy auroit mande aux g*ene*raulx de ses monnoyes Luy nommer p*er*sonnes bien entendues ala*dite* taille et pour enuoyer audit Lieu secrettement soy infformer dela*dite* forme et maniere dela*dite* invention entendre concevoir et apprendre Lart dicelle A quoy feust sattisfaict au*dit* S' et par nicolas Jenson feust entreprins ta:t L*edit* voyage que semblablement de parvenir a Lintelligence du*dit* art et execu*tio*n dicell*e* au*dit* Royaume dont pr*e*mier a faict debuoir du*dit* art dimpression au *dit* Royaulme de france.	Am 4. October des Jahres 1458 Se. Maj. der genannte König, als er erfuhr, dass Herr Johann Guthenberg, ein Ritter, wohnhaft zu Mainz in Deutschland, und geschickt im Schneiden und Bilden von Punzen, ans Licht gebracht hatte die Erfindung zu drucken mit Punzen und Buchstaben, begierig nach solch wertvoller Sache, hatte Se. Maj. der genannte König befohlen den Vorstehern seiner Münzstätten, ihm Leute namhaft zu machen, welche wohl erfahren in dem erwähnten Schneiden von Punzen seien, um sie an den genannten Ort insgeheim zu senden, damit sie sich dort über die Art und Weise genannter Erfindung erkundigen, hören, begreifen und diese Kunst lernen sollten. Hierauf wurde Se. genannte Majestät befriedigt und durch Nik. Jenson die erwähnte Reise so unternommen, wie es geeignet schien, zur

Kenntnis dieser Kunst und zur Ausübung derselben in diesem Königreiche zu gelangen, in welchem er als Erster diese Buchdruckerkunst im Königreiche Frankreich ausüben sollte.

Aus dieser Handschrift scheint diese Nachricht in andere übergegangen zu sein, die dieselbe mit geringen Aenderungen enthalten. Ob sie auch richtig ist, wissen wir allerdings nicht, denn seltsam ist es, dass Jenson, welchen König Karl VII. nach Deutschland entsendet haben soll, um die Buchdruckerkunst in Frankreich einzuführen, nicht nach Frankreich zurückkehrte, und dass, während Ende 1469 oder anfangs 1470 die deutschen Buchdrucker Ulrich Gering, Michael Friburger und Martin Kranz von Guillaume Fichet und Johann Heynlin von Stein, beide Professoren der Sorbonne, nach Paris berufen wurden, um hier Bücher zu drucken, Nikolaus Jenson in Gesellschaft des Johann von Cöln 1470 seine Druckwerkstätte in Venedig aufschlug; seltsamer ist noch, dass man in der Zeit von 1458—1470 kein gedrucktes Werk des Jenson kennt, der doch wahrlich nicht Ursache hatte, sein Licht unter den Scheffel zu stellen oder als Gehilfe in einer Druckerei zu arbeiten. Man kann sich des Verdachtes nicht erwehren, dass obige Nachricht von einem Franzosen stammt, welcher in dem berühmten Jenson einen Landsmann entdeckte, dessen Name vielleicht unter den Münzmeistern vorkam; aber es fehlte jeder Beweggrund, eine falsche Nachricht zu erfinden, denn dass die Buchdruckerkunst von Deutschland nach Frankreich kam, gesteht auch diese Nachricht zu, und in dieser Beziehung ist es gleichgiltig, ob ein Franzose sie bei Gutenberg erlernte, oder ob deutsche Buchdrucker nach Paris gerufen wurden, sie dort einzuführen. Ist die Nachricht echt, so zeigt sie eine bemerkenswerte Beziehung zwischen der Mainzer Münze, welche dem Wechslerssohn den Gedanken der Buchdruckerkunst eingab, und der französischen Münze, welche berufen wurde, den besten Meister dieser Kunst im XV. Jahrhundert zu liefern.

VII.

Im Jahre 1460 erschien das Katholikon mit folgender Schlussschrift:

Altissimi praesidio cuius nutu infantium linguae fiunt disertae. Qui que numero saepe paruulis reuelat quod sapientibus celat. Hic liber egregius. catholicon. dominicae incarnacionis annis M cccc lx Alma in urbe maguntina nacionis inclitae germanicae. Quam dei clemencia tam alto ingenij lumine. dono que gratuito. caeteris terrarum nacionibus praeferre. illustrareque dignatus est Non calami. stili. aut pennae suffragio, sed mira patronarum formarum que concordia proporcione et modulo. impressus atque confectus est.
Formen wunderbare Uebereinstimmung. gefertigt worden.

Unter des Allerhöchsten Beistand, auf dessen Wink der Unmündigen Zungen beredt werden, und der oftmals den Kleinen offenbart, was den Weisen er verhehlt, ist dieses vorzügliche Buch Katholikon in des Herrn Menschwerdung Jahre 1460 in der edlen Stadt Mainz aus der berühmten deutschen Nation, welche Gottes Güte mit so hohem Geisteslichte und mit Freigebigkeit den übrigen Nationen des Erdkreises vorzuziehen und zu verherrlichen würdigte, nicht durch Rohres, Griffels oder der Feder Hilfe, sondern durch der Patronen und Verhältnis und Ebenmass gedruckt und

Man glaubt, dass Gutenberg der Drucker dieses Buches sei, welches der Abt Trithemius für einen Holztafeldruck gehalten hat; wenn sich jedoch das ›hohe Geisteslicht‹ nicht auf die Erfindung, sondern auf den Erfinder bezieht, so ist kaum anzunehmen, dass der Erfinder sich selbst derart gelobt habe, und eher wahrscheinlich, dass er von einem Anderen gefeiert worden ist. Dass dieser Andere weder Fust noch Schöffer war, ist sicher, denn die Typen des Katholikon kommen in keinem Drucke dieser Männer vor, wohl aber in dem von Heinrich Bechtermünze begonnenen und von Nikolaus Bechtermünze und Wiegand Spiess 1467 beendeten Vocabularium. Daraus folgt aber nicht, dass Gutenberg selbst das Buch gedruckt hat, es kann auch von seinen Verwandten und Schülern gedruckt worden sein (siehe S. 63).

VIII.

Im Jahre 1468 druckte Peter Schöffer (nach Fusts Tode) in den Schlussworten zu Justinians Institutionen:

Hos dedit eximios sculpendi in arte magistros Cui placet en mactos arte sagire viros Quos genuit ambos vrbs maguntina iohannes Librorum insignes prothocaragmaticos Cum quibus optatum petrus venit ad poliandrum Cursu posterior introeundo prior Quippe quibus praestat sculpendi lege sagitus A solo dante lumen et ingenium Ratio queque suum poterit reperire caragma	Derjenige, welchem es gefällt, die durch Kunstfertigkeit glücklich zu preisenden Männer aufzuspüren, hat jene ausgezeichneten Männer in der Kunst zu schnitzen gesandt, jene beiden in der Stadt Mainz geborenen Johannes nämlich, die berühmten ersten Buchdrucker, mit welchen Peter zu der ersehnten Grabstätte kam, der zwar später anlangte, allein dennoch zuerst hineinging, da er von dem, welcher allein Licht und Verstand gibt, mit Einsicht begabt, denselben in der Verfahrungsweise des Schnitzens überlegen ist.

Seine Kunst des Schnitzens hatte Peter Schöffer, ohne seinen Namen zu nennen, im Psalter (durch die Schönheit der Hauptbuchstaben geschmückt) und im Donat (mit seinen Hauptbuchstaben, siehe S. 34) gerühmt. Dass Schöffer hier einen zweiten Johannes nennt, während im Psalter nur Johann Fust neben ihm vorkommt, beweist unzweifelhaft, dass Johann Gutenberg gemeint ist; die Anspielung auf das Grab bezieht sich auf die biblische Erzählung, dass Johannes

Bericht des Dr. Fichet.

und Petrus zum Grabe Christi gingen, und wie Petrus, obwohl er zuletzt anlangte, doch zuerst hineinstieg, so sei auch Schöffer, obgleich er zuletzt zur Erfindung der Buchdruckerkunst gekommen sei, doch zu grösserer Meisterschaft gelangt.

IX.

Am klarsten hat sich der oben erwähnte Guillaume Fichet in einem vor kurzem von dem Baseler Bibliothekar Dr. L. Sieber aufgefundenen gedruckten und vom 1. Januar (1472) datierten Briefe an Robert Gaguin ausgesprochen. Derselbe lautet;

GVJLLERMVS fichetus Parisiensis theologus doctor Roberto Gaguino, uiro doctissimo salutem; ...
Praetereo quae de galliae hyspaniacque praestantia soluta oratione scripsisti. Non enim est huius temporis, de tuis studiis praesertim ad te scribere. De studiorum humanitatis restitutione loquor. Quibus (quantum ipse coniectura capio) magnum lumen nouorum librariorum genus attulit, quos nostra memoria (sicut quondam equus troianus) quoquo uersus effudit germania. Ferunt enim illic, haut procul a ciuitate Maguncia, Joannem quendem fuisse, cui cognomen bonemontano, qui primus omnium impressoriam artem excogitauerit, qua non calamo (ut prisci quidem illi) neque penna (ut nos fingimus) sed aereis litteris libri finguntur et quidem expedite, polite et pulchre. Dignus sane hic uir fuit, quem omnes musae, omnes artes, omnesque eorum linguae, qui libris delectantur diuinis laudibus ornent, eoque magis dis deabusque anteponant. quo proprius ac praesentius litteris ipsis, ac studiosis hominibus, suffragium tulit. Si quidem deificantur liber et alma ceres, ille quippe dona lici inuenit, poculaque inuentis acheloia miscuit uitis, haec chaoniam pingui glandem mutauit arista. Atque (ut poeta utamur

Wilhelm Fichet aus Paris, der Theologie Doctor, (sendet) dem Robert Gaguin, dem sehr geehrten Mann, seinen Gruss. Ich übergehe, was du über Frankreichs und Spaniens Vorzüge in freier Rede geschrieben hast. Denn jetzt ist es nicht an der Zeit, von deinen Studien besonders an dich zu schreiben. Von der Wiederherstellung der humanistischen Studien möchte ich sprechen. Diesen hat (soviel ich selbst durch Vermuthung begreife) grossen Glanz eine neue Art Buchhändler verliehen, welche unseres Erinnerns (gleich wie einst das trojanische Pferd) nach allen Seiten hin Deutschland ausgeschüttet hat. Dort, erzählt man nämlich, nicht weit von der Stadt Mainz sei ein gewisser Johannes, mit dem Beinamen Gutenberg, gewesen, der als der erste von allen die Buchdruckerkunst ausgedacht habe, wodurch nicht mit dem Rohre (wie ja einst die Alten thaten), auch nicht mit der Feder (wie wir jetzt thun), sondern mit aus Erz gefertigten Buchstaben die Bücher gebildet werden, und zwar schnell, gefällig und schön. Fürwahr, dieser Mann war würdig, dass ihn alle Musen, alle Künste und alle Zungen derer, die sich an Büchern erfreuen, mit göttlichen Lobsprüchen ehren und ihn den Göttern und Göttinnen desto mehr vorziehen, je altero) prima ceres unco glebam dimouit aratro, prima dedit fruges, alimenta micia terris. At bonemontanus ille longe gratiora diuinioraque inuenit, quippe qui litteras eiusmodi exsculpsit, quibus quidquid dici aut cogitari potest, propediem scribi ac transcribi et posteritatis mandari memoriae possit. Neque praesertim hoc loco nostros silebo, qui superant iam arte magistrum, quorum Vdalricus Michaël et Martinus principes esse dicuntur, qui iam pridem Gasparini pergamensis epistolas impresserunt, quos ioannes lapidanus emendauit. quin illius auctoris orthographiam (quam hic etiam accurate correxit) se accingunt perficere, opus mea quidem sententia egregium neque auribus solum iuuentutis gratissimum, sed doctiorum quoque studiis oportunum ... Aedibus sorbonae raptim a me Kalendis Januariis diluculo scriptum.

näher und gegenwärtiger er den Wissenschaften und den studierenden Leuten seine Unterstützung ertheilt hat. Denn wenn Liber und die ernährende Ceres vergöttert werden, jener, weil er die Gaben des Bacchus erfunden und die Becher des Acheloos mit den gefundenen Trauben gemischt hat, diese, weil sie die Eichel Chaoniens mit der fetten Aehre vertauscht hat, und (um einen anderen Dichter zu gebrauchen) weil Ceres zuerst mit dem gekrümmten Pflug die Erdschollen auseinandergerissen, zuerst Früchte und liebliche Nahrung der Erde gegeben hat, so hat jener Gutenberg weit Angenehmeres und Göttlicheres erfunden, weil er nämlich derartige Buchstaben ausgefeilt hat, mit welchen man alles, was man sagen oder denken kann, ganz rasch schreiben und abschreiben und dem Gedächtnis der Nachwelt überliefern kann. Auch will ich an dieser Stelle besonders die Unseren nicht mit Stillschweigen übergehen, die den Meister bereits in der Kunst übertreffen, von denen Ulrich, Michael und Martin als die besten genannt werden, welche schon längst des Gasparinus von Bergamo Briefe gedruckt haben, die Johann von Stein verbessert hat. Ja sie schicken sich sogar an, die Orthographia jenes Schriftstellers (die dieser auch genau verbessert hat) fertig zu drucken, ein, nach meiner Meinung wenigstens, vortreffliches Werk, das nicht bloss den Ohren der Jugend sehr angenehm, sondern auch den Studien Gelehrterer dienlich ist. Im Hause der Sorbonne in Eile von mir am 1. Januar bei Tagesanbruch geschrieben.

Dieser Brief war der hier erwähnten Orthographie des Gasparinus vorgebunden. Dr. Friedrich Pfaff fand auf der Universitätsbibliothek zu Freiburg ein zweites Exemplar dieses Briefes am Schlusse eines kleinen Sammelbandes anderer Schriften Fichets beigebunden.

X.

In der 1474 von Johann Philipp de Lignamine, Kämmerer des Papstes und Buchdruckereibesitzer in Rom, herausgegebenen »Chronik der Päpste« heisst es zwischen Eintragungen des Jahres 1459:

Jacobus cognomento Gutenbergo: patria Argentinus et quidam alter cui nomen Fustus imprimendarum litterarum

Jakob mit dem Beinamen Gutenberg aus Strassburg und ein zweiter, der Fust heisst, kundig, Buchstaben auf Pergain membranis cum metallicis formis periti trecentas cartas quisque eorum per diem facere innotescunt apud Maguntiam Germaniae ciuitatem. Iohannes quoque Mentelinus nuncupatus apud Argentinam eiusdem prouinciae ciuitatem: ac in eodem artificio peritus totidem cartas per diem imprimere agnoscitur.

ment mit metallenen Formen zu drucken, machen bekanntlich im Tage jeder 300 Blätter bei Mainz, einer Stadt Deutschlands. Auch von Johann, Mentel genannt, weiss man, dass er bei Strassburg, einer Stadt desselben Landes, und erfahren in derselben Kunstfertigkeit, ebensoviele Blätter im Tage drucke.

An einer anderen Stelle desselben Werkes heisst es:

Conradus Suueynem: ac Arnoldus panarcz Vdalricus Gallus parte ex alia Teuthones librarii insignes Romam uenientes primi imprimendorum librorum artem in Italiam introduxere trecentas cartas per diem imprimentes.

Konrad Schweinheim und Arnold Pannarz, Ulrich Hahn auf der anderen Seite, berühmte deutsche Buchhändler, nach Rom kommend, führten als die ersten die Kunst des Buchdrucks in Italien ein, indem sie 300 Blätter im Tage druckten.

In der zweiten Auflage dieses Werkes (1476) steht statt Gutenbergo: Cutenbergo, in zwei Nachdrucken des XVIII. Jahrhunderts steht Gutenberger und Justus statt Fustus. Hieraus hat man geschlossen, dass auch der Name Jacobus falsch sei und Johannes gelesen werden müsse. Da indessen die übrigen Namen richtig sind (Schweinheim dürfte nach niederdeutscher Weise Sweinheem genannt worden sein), so ist nicht zu zweifeln, dass auch der Name Jakob Gutenberg richtig ist, denn es ist nicht vom Erfinder und vom Erfinden der Buchdruckerkunst die Rede, wie bei den anderen von der Einführung der Buchdruckerkunst in Italien, sondern nur von kunstfertigen Buchdruckern, und da Jakob von Sorgenloch mit Else zu Bechtermünze verehelicht war, so dürfte der hier erwähnte Jakob Gutenberg dieser Jakob von Sorgenloch gewesen und durch ihn die Buchdruckerei auf die Bechtermünze übergegangen sein. Mit demselben Unrecht, mit welchem man heute die Richtigkeit des Namens Jakob Gutenberg bezweifelt, konnte man, bevor man die handschriftlichen Daten der Mentelschen Bibel kannte, die Nachricht anzweifeln, dass Mentel schon 1459 gedruckt habe; jetzt, wo man weiss, dass diese Bibel um 1460 gedruckt ist, hat Lignamine, der ja die besten Quellen an seinen deutschen Druckgehilfen hatte, Recht behalten.

XI.

In der bei Ehrhard Ratdolt von Augsburg zu Venedig 1483 gedruckten ›Chronik des Eusebius‹, fortgesetzt von Matthäus Palmer in Florenz und zu Ende geführt von Matthias Palmer aus Pisa, heisst es bei dem Jahre 1457:

Quantum litterarum studiosi Germanis debeant, nullo satis dicendi genere exprimi posset. Namque a Ioanne Gutenberg Zumiungen equiti Maguntiae rheni solerti ingenio librorum Imprimendorum ratio 1440. inuenta: hoc tempore in omnes fere orbis partes propagatur, qua omnis antiquitas paruo aere comparata: posterioribus infinitis voluminibus legitur.	Wieviel die den Wissenschaften Obliegenden den Deutschen verdanken, kann in keiner Weise genügend ausgedrückt werden. Denn von Johann Gutenberg zum·Jungen, einem Ritter zu Mainz am Rhein, ist mit emsigem Geiste die Kunst des Buchdrucks 1440 erfunden worden, welche in jetziger Zeit beinahe in alle Theile des Erdkreises

verbreitet ist, so dass das ganze Alterthum, um billiges Geld gekauft, von den Späteren in zahllosen Bänden gelesen wird.

Offenbar war die Quelle, welche Palmer benützte, der Buchdrucker Ratdolt von Augsburg, und wenn der Erfinder als zum Geschlechte der Zum Jungen gehörig betrachtet wird, so mag dies darauf beruhen, dass der Hof zum Gutenberg den Jungen gehörte oder mitgehörte, denn nach Köhler (S. 66, Y) heisst es in der Genealogie dieser Familie vom Jahre 1638, S. 43:

›A. 1391 auf Simonis & Judae hat Henn zum Jungen, Götzen sel. Sohn, den er hatte mit Kosteln sel. seiner ehelichen Hausfraue vor dem erbarn Mann Wassmuthen zum Maulbaum, Schultheissen zu Mentz, seinen vettern Henrichen zum Jungen vbergeben den halben Hoff zu Gudenberg, beneben X heller auf dem Zoll zu Mentz (welche Zollgülte er A. 1374 am St. Catharinen Abend vom K. Carln IV. überkommen) sampt andern Guth, welches Ihme von Götzigen seinem Vater sel. und theils von seinem bruder Hennich sel. anerstorben vnd zuvor Judden (von Elvelt) Erbe gewesen, laut briefs.‹

(Ein Heinz zum Jungen war 1363 Ehemann der Grethe, Tochter des Friele, der Muhme des Johann Gänsfleisch des Alten. — Ort zum Jungen (geb. 1405, gest. 1483) schrieb in dem Frankfurter Gültbuch a. 1443, dass er Henne Gänsfleisch dem Alten seinen Hof zum Jungen auf drei Jahre vermiethet habe.)

XII.

In einer anderen Ausgabe der »Chronik des Eusebius«, welche Jakob Philipp (Foresta) aus Bergamo zu Venedig 1483 herausgab, heisst es bei dem Jahre 1459 (eigentlich falsch gedruckt 1959):

Ars imprimendi libros: his temporibus in Germania primum enata est: quam alij repertam asserunt a Joanne Cutenbergo argentino: alij a quodam nomine Fusto: alij a Nicholao Jensone perdicant:[1] qua certe nulla in mundo dignior: nulla laudabilior: aut vtilior: sive diuinior: et sanctior esse potuit. In cuiusqnidem laude quidam ex nostris hos cecinit versus dicens:

Die Kunst des Buchdrucks ist in diesen Zeiten in Deutschland zuerst entstanden, einige sagen, sie sei gefunden von Johann Cutenberg aus Strassburg. andere: von einem gewissen Fust, andere behaupten: von Nikolaus Jenson. Gewiss konnte keine (Kunst) in der Welt würdiger sein als diese, keine löblicher oder nützlicher oder göttlicher und heiliger. Zum Lobe derselben hat einer der Unsrigen folgende Verse gesungen, sagend:

O felix nostris memoranda impressio
 seclis
Inuentore nitet vtraque lingua tuo:

O du glückliche Druckkunst! denkwürdig
 unseren Zeiten,
Deren Erfinder nunmehr jegliche Sprache
 verschönt;

Desierat quasi totum quod fundis in
 orbem,
Nunc paruo doctus quilibet esse potest:

Gleichsam verschollen war alles, was du
 in den Erdkreis jetzt giessest;
Jedermann kann nun gelehrt schon mit
 sehr Wenigem sein.

Omnes te summis igitur nunc laudibus
 ornent
Te duce quia ars hec mira reperta fuit.

Mögen drum alle dich nun mit der Lobsprüche herrlichsten schmücken,
Durch dessen Führung die Kunst wunderbar sinnig erstand.

Dieses Buch wurde zu Venedig von Bernardinus de Benaliis aus Bergamo am 23. August 1483 gedruckt; es scheint, dass unter den Druckgehilfen die Meinungen über den Erfinder verschieden waren. Des Fust ist bereits oben gedacht worden. Wie er stets den Namen des Erfinders in seinen Schlussschriften verschweigt, so mochte sich schon im XV. Jahrhundert die Meinung gebildet haben, dass Fust selbst der Erfinder gewesen sei. Die Erwähnung Jensons als Erfinders der Buchdruckerkunst beruht darauf, dass Omnibonus Leonicensus in dem 1471 gedruckten Quintilian den Jenson einen anderen Dädalus und

---

[1] In der zweiten Auflage 1486 ist der Satz *alij a Nicholao Jensone perdicant* weggelassen, in der 1506 von Georg von Ruscomb gedruckten Auflage ist dieser Satz wieder aufgenommen und beigefügt: *per quam innumerabiles auctores ipsi congregarunt diuitias* (durch welche unzählige Schriftsteller selbst Reichthümer sammelten).

den Erfinder der wunderbaren Buchdruckerkunst (*qui librariae artis mirabilis inventor*) nennt.

XIII.

In der ›Chronica Bossiana‹, gedruckt zu Mailand 1492, heisst es:

1457. Hoc anno salutifera doctrinarum omnium imprimendorum librorum ars auctore Gutember germano reperta est.	1457. In diesem Jahre ist die Kunst, Bücher zu drucken, eine heilbringende unter allen Lehren, durch Gutember, einen Deutschen, erfunden worden.

Das Datum 1457 dürfte sich auf das Erscheinen des Fust-Schöfferschen Psalters beziehen.

XIV.

Um das Jahr 1494 schrieb der ehemalige Doge von Genua, Baptista Fulgosus, für seinen Sohn eine Sammlung merkwürdiger Worte und Thaten, welche 1508 bei Jacobus Ferrarius in Mailand gedruckt wurde. Darin heisst es:

De Cutembergo argentinensi.	Ueber Cutemberg aus Strassburg.
Omnem mechanicae artis effectum non recentis modo uerum etiam antiquae illud superauit: quod scribendo Contembergus[1]) argentinensis ostendit: primum a se inuenta imprimendarum litterarum scientia: nam non solum uno die imprimendo plura scribere quam uno anno calamis docuit: uerum causa etiam extitit ut aucta librorum commoditate bonarum artium scientia quae intermoritura erat uelut ab orco excitata uideatur. Visus est enim immortalis deus huiusmodi industriam huic homini diuinitus infudisse: ueluti commiseratione motus quod tantarum doctrinarum uolumina scribendi difficultate perirent: per hanc igitur litterarum imprimendarum artem praeclarissimi auctores, et si diu	Aller Erfolg der mechanischen Kunst, nicht nur der Neuen, sondern auch der Alten, wird durch das übertroffen, was im Schriftwesen Contemberg aus Strassburg geleistet hat. Von ihm zuerst ist die Kenntnis erfunden worden, Bücher zu drucken; denn nicht nur hat er gelehrt, an einem Tage durch den Druck mehr Bücher zu schreiben als mit der Feder in einem Jahre, sondern er war auch die Ursache, dass durch die vermehrte Gelegenheit, Bücher zu lesen, die Kenntnis der guten Künste, welche im Absterben begriffen war, wie aus dem Orcus emporgerufen schien. Denn es scheint, dass der unsterbliche Gott diese Art Kunstfertigkeit diesem Manne auf göttliche Weise eingeflösst, gleich-

---

[1]) Dieses *Contembergus* ist jedenfalls ein Fehler des Setzers, Fulgosus dürfte, wie in der Ueberschrift, Cutemberg geschrieben haben.

ante fuerunt, tamen anno salutis quadringentesimo ac quadragesimo supra mille haud cum iniuria iterum nati esse dici possunt. Unrecht sagen, dass durch diese Kunst des Buchstabendrucks die berühmtesten Schriftsteller, auch wenn sie lange vorher gewesen sind, doch im Jahre des Heils Eintausend vierhundert und vierzig wieder geboren worden sind.

sam vom Mitleid bewegt, dass die Bände so vieler Gelehrsamkeit nicht durch die Schwierigkeit des Abschreibens untergehen sollten. Daher kann man nicht mit

XV.

Im Jahre 1494 verfasste der Heidelberger Professor Adam Werner folgendes Lobgedicht:[1]

Adae Vernheri Temarensis Panegyris ad
Johannem Gensfleisch
primum librorum impressorem.

Ansicaro, vigili prestantior ansere, Romam
qui monuit gallos limine inesse canens.
Arcem is seruabat; vasto tu consulis orbi
qui se felicem non negat arte tua.
Si conferre libet divine inventa Minerue
Cum tua spectentur, cuncta pudore rubent.
Preterea auctores operis mirabilis omnes
se iactare quibus secula prisca volunt
Dedalus ingenii laudatus acumine cedat
Et tibi qui melior Alchimetonte fuit
post te vafer eat Sisiphus; tibi clarus Apelles
iudice se palmam Parrasiusque ferat.
Protulit haud simile, quamuis spirantia signa
Solers mirifice fingere quisque fuit
Tanti est, te littris sculpta excudisse metalla
que effundant fidas tam cito pressa notas.
Hinc tua si possit dignas Moguntia grates
Solueret, ante alia, quam colis ipse, loca
Terraque iam multo germana volumine diues
te colit, inuento dicta beata tuo.
Italia ex nostris que hanc mendicauerat artem
emula grata tibi non pudet usque fore
Ecce tua innumeras intus laetare per vrbes
Feruet, et auctorem te probat esse suum.
Vive vale Ansicaro, latii iactantia spectet
et doleat, talem non genuisse Virum.

Ex Heidelbergo, III Kal. decembris 1494.

[1] Von Pl. Sprenger in einer Handschrift der Abtei Seligenstatt aufgefunden und 1800 veröffentlicht.

Adam Werners von Themar Lobgedicht an
Johann Gutenberg,
den ersten Buchdrucker.

Gänsfleisch! die wachsame Gans übertrafst du, welche die Römer
Durch ihr Geschnatter gemahnt: Gallier sind in der Stadt!
Jene beschützte die Burg, du aber bist Consul dem Erdkreis,
Welcher nicht leugnet zu sein glücklicher durch deine Kunst.
Wenn die Erfindungen prüfen man wollte der Göttin Minerva,
Damit die deine verglich', färbt' sich die Wange mit Scham.
Gleiches auch gilt von den Schöpfern der wundergepriesenen Werke,
Deren die frühere Zeit oft sich so prahlend gerühmt,
Von seinem Gipfel der Kunst der verherrlichte Dädalus weiche,
Gleichwie ein jeder, der mehr als einst Alkimedon war,
Sisiphus Schlauheit verkriecht sich vor dir, der berühmte Apelles,
Wie auch Parrhasius reicht willig den Kranz dir des Ruhms.
Keiner hat Gleiches erzeugt, war auch Gestalten zu bilden,
Lebensvoll, wunderbar treu, jeder von ihnen geschickt.
Wie ist es wertvoll von dir, die erzenen Formen zu schnitzen,
Welche so schleunig gedruckt, mögen verbreiten die Schrift!
Darum auch sollte dein Mainz, wenn's könnte, vor anderen Orten
Zollen dir würdigen Dank, da du's doch selber bewohnst,
Und das germanische Land im Besitze von zahlreichen Bänden
Ehret dich, weil man es nennt glücklich ob deines Genies.
Selber Italien, welches von uns hat erbettelt das Drucken,
Eifert dir nach und bekennt, ewig dir dankbar zu sein.
Siehe und freue dich, wie deine Kunst in unzähligen Städten
Glühend betrieben wird, du, den man als Urheber preist.
Lebe und lebe wohl, Gänsfleisch! Latiums Prahlerei schaue
Trauernd, dass es fürwahr solch einen Mann nicht gebar!
Heidelberg, am 29. November 1494.

XVI.

Ein gleiches Gedicht widmete Prof. Herbst dem Erfinder:[1])

Ad Johannem Gensfleisch,
impressorie artis inuentorem primum
Johannis Herbst Lutterburgensis Panegyris.

Hec inuenta videns quis se germania felix.
te auctore extollit Ansicaro celebris
Et mirans prodire libros sine arundine scriptos
quid reris dicat? ingenium arte notas
Vitem que Mogano Rhenique liquore rigatur
te (puto te) gemmam parturiisse nouam,

---

[1]) In der gleichen Handschrift aufgefunden wie das vorige.

Lobgedicht des Professors Herbst. Widmung des Gelthus.

Anserem et egregium, qui carnem protulit illam
qua laute exultans se cibat omnis homo.
Invento palmam meruisti, nec negat vllus,
germanum ingenium quid valet ecce patet
Tu nostrae gentis decus admirabile quamuis
Italia inuideat emula viue, vale!

Ex Heidelbergo III nonas decembris 1494.

An Johann Gänsfleisch,
den ersten Erfinder der Buchdruckerkunst,
Johann Herbsts aus Lauterburg Lobgedicht.

Schaut es auf diese Erfindung, schätzt sich Germanien glücklich,
Preist dich ob deines Genies, Gänsfleisch, du ruhmvoller Mann!
Staunend, dass Bücher entstehen, ohne die Feder geschrieben,
Traun! wie wird dieses erklärt? Zeichnest den Geist durch die Kunst!
Weinland, vom Main und zugleich von den Fluthen des Rheines bewässert,
Brachtest du, mein' ich, zur Welt gar einen köstlichen Stein;
Eine erlesene Gans, aber voll von dem trefflichen Fleische,
Dessen in frohem Genuss sättigt sich jeglicher Mensch.
Durch die Erfindung errangst du die Palme, das leugnet wohl keiner,
Und was Germaniens Geist wert ist, wird jetzt offenbar.
Du, unseres Volkes bewundertes Kleinod, (möge auch neidisch
Eifern Italien nach), lebe, o lebe du wohl!

Heidelberg, den 3. December 1494.

XVII.

Am Ende eines 1499 gedruckten, »dem erlauchten Herzog von Bayern, Philipp, Pfalzgrafen bei Rhein, und seinen erlauchten Söhnen« gewidmeten Schriftchen: Marsilius de Inghen, »Vortrag (*Oratio*), enthaltend Ausdrücke, Schlüsse und schöne Redekünste mit unterscheidenden Merkmalen«, befindet sich folgende Widmung:

In foelicem artis impressorie inuentorem.	An den glücklichen Erfinder der Buckdruckerkunst.
D O M S	Dem besten höchsten Gott Geweihtes.
Ioanni genßfleisch artis impressorie repertori de omni natione et lingua optime merito in nominis sui memoriam immortalem Adam Gelthus posuit ossa eius in ecclesia diui Francisci Maguntina foeliciter cubant.	Dem Johann Genßfleisch, Erfinder der Buchdruckerkunst, um alle Völker und Sprachen verdient, zum ewigen Andenken seines Namens gesetzt von Adam Gelthus. Die Gebeine desselben ruhen in der Kirche des heiligen Franciscus zu Mainz glücklich.

XVIII.

Hieran schliesst sich in demselben Buche folgendes Gedicht des 1449 zu Schlettstadt geborenen Prof. Wimpfeling:

Jaco. Uimpfelingh Sletstattini in eundem Epigramma.

Foelix ansicare, per te germania foelix	Glücklicher Gänsfleisch, durch dich wurde Germanien glücklich!
Omnibus in terris premia laudis habet	Jegliches Land in der Welt zollet ihm Ehre und Lob!
Urbe Moguntina divino fulte Ioannes	Denn zu Mainz in der Stadt, unterstützt von dem göttlichen Geiste,
Ingenio; primus imprimis ere notas	Drucktest, Johannes, zuerst eherne Buchstaben du!
Multum relligio: multum tibi greca sophia	Vieles die Religion, und vieles die griechische Weisheit,
Et multum debet lingua latina tibi.	Viel die lateinische Welt schuldet an Dankbarkeit dir!

XIX.

Zu derselben Zeit erschien die »Chronik der Stadt Cöln«, in welcher der Verfasser folgende Darstellung der Erfindung der Buchdruckerkunst gibt:

»Diese hochwürdige Kunst ist zu allererst in Deutschland zu Mainz am Rhein erfunden, und es ist der deutschen Nation eine grosse Ehre, dass solche sinnreiche Menschen in ihr gefunden werden. Und es geschah im Jahre 1440, und von da bis 1450 ward die Kunst untersucht und was dazu gehört. Und im Jahre 1450, welches ein goldenes Jahr war, begann man zu drucken, und das erste Buch, welches gedruckt wurde, war die lateinische Bibel, und sie ward mit einer groben[1]) Schrift gedruckt, mit welcher man jetzt die Messbücher druckt. Und wenn die Kunst in der beschriebenen Weise nach Mainz gekommen ist, so kam die erste Vorbildung dazu von Holland aus den Donaten, die vor dieser Zeit daselbst gedruckt wurden. Und hieraus ist der Anfang der Kunst genommen. Und sie ist viel meisterlicher und feiner geworden und je länger, je kunstreicher. Einer, namens Omnebonus,

---

[1]) In der Buchdruckersprache bedeutet grob: gross, z. B. grobe Canon, dagegen kleine Canon.

schrieb in einer Vorrede des Buches, Quintilian genannt,[1]) und auch in anderen Büchern: ein Wale aus Frankreich, genannt Nikolaus Jenson, habe diese meisterliche Kunst erfunden. Aber das ist offenbar gelogen, weil noch jene am Leben sind, welche zu Venedig druckten, bevor Nikolaus Jenson dahin kam und dort Schrift zu schneiden und zu bereiten begann. Vielmehr war der erste Erfinder der Druckerei ein Bürger von Mainz und war in Strassburg geboren und hiess Junker Johann Gudenburch. Von Mainz ist die Kunst zu allererst nach Cöln gekommen, dann nach Strassburg und darnach nach Venedig. Diesen Beginn und Fortgang der Kunst hat mir mündlich erzählt der ehrsame Mann, Meister Ulrich Zell von Hanau, Buchdrucker zu Cöln noch derzeit anno 1499, durch den die Kunst nach Cöln gekommen ist. Es gibt auch ein Theil vorwitziger Männer, welche sagen, man habe auch vormals Bücher gedruckt, aber das ist nicht wahr, denn man findet in keinem Lande Bücher, die zu derselben Zeit gedruckt sind.«

Bezüglich der holländischen Donate, welche das Vorbild der Buchdruckerei geliefert haben sollen, ist eine Stelle im Tagebuch des Abtes Jean de Robert beachtenswert, welche lautet: »*Item* für ein Doctrinale, *jeté en moule*, das ich zu Brügge durch Marquart, den ersten Schreiber von Valenciennes im Jahre XLV (1445) für Jacquet holen liess, 20 *soli tournois*. Alexanderchen bekam auch ein solches, das die Kirche bezahlte. — *Item* ich sendete ein Doctrinale nach Arras, um Dom Gerard zu lehren, das in Valenciennes gekauft worden ist, *jeté en moule*, und kostete 24 Groschen. Er schickte mir das erwähnte Doctrinale zurück am ersten Allerheiligentage des Jahres LI (1451), indem er sagte, es sei wertlos und voller Fehler; er hatte (selbst) eines von Papier gekauft.« In dem Privilegium, welches Ludwig XI. 1474 den Pariser Druckern verlieh, »ihre Kunst auszuüben, um auf verschiedene Art Bücher herzustellen, Schriften *en mosle* und andere«, scheint das Wort *mosle* = *moule, molle*, welches nach Du Cange früher einen »Abdruck in Wachs« bedeutete, dem Holztafeldruck zu gelten. Wenn daher in neuester Zeit die »Chronik von Cöln« dahin gedeutet wird,

---

[1]) Siehe S. 65 und 66.

dass sie den Ursprung der Buchdruckerkunst Holland zuschreibe, so ist dies ein Irrthum; der Holztafel- oder, was dasselbe ist, der Reiberdruck wurde nicht von den Holländern, sondern von den Chinesen erfunden.

XX.

Eine Widmung des von Peter Schöffers Sohn, Johann Schöffer, in deutscher Sprache 1505 herausgegebenen »Livius« an den Kaiser Maximilian I. lautet:

„Sölich werck allermechtigefter künig (das zu vor an eüwer küniglichen maieftat zu eren/ dar zu fürften vnd herren/ auch gemeynden vnd Stetten teütfcher nation zu nutz in teütfch bracht/ vnd in der löblichen Statt Mentz gefertiget vnnd getruckt ift) wöl E K. M. gnadigflich offnemen/ in welicher ftatt auch aufengflich die wunderbar kunft der Cruckerey/ vnd am erften vonn dem kunftreichen Johan Guttenbergk do man zelt nach Crifti vnfers herren geburt Caufent/ vierhundert/ vnd fünffzig jar erfunden/ vnd darnach mit fleyß koft vnd arbeyt Johan fauften/ vnd Peter fchöffers zu Mentz gebeffert/ vnd beftendig gemacht ift worden. Darumb die felbe Stat nicht alleyn bei Teütfcher Nation/ fonder auch bey aller welt in ewige zeyt (alß wol vordient) geprevft vnd gelobt foll werden,' vnd die Bürger vnd ynwoner do felbeft des billich genieffen."

Die Ursache, welche ein Mitglied der Familie Schöffer veranlasste, das Verschweigen des Namens des Erfinders der Buchdruckerkunst aufzugeben, dürfte darin liegen, dass von Kaiser Friedrich III. dem Buchdrucker Johann Mentel in Strassburg ein Wappen verliehen, oder vielmehr sein altes adeliges Wappen, welches wahrscheinlich von der Familie wegen eingetretener dürftiger Verhältnisse aufgegeben war, wieder erneuert worden war, denn es heisst in den von Chmel herausgegebenen Regesten des Kaisers: »Kaiser Friedrich verleiht dem Hans Mentelin und seinen ehelichen Leibeserben von neuem ein Wappen.« Wahrscheinlich wurde diese Wappenverleihung schon damals benützt, um Mentel als Erfinder der Buchdruckerkunst aufzustellen, und Johann Schöffer wollte diesem falschen Gerüchte entgegentreten, indem er den wirklichen Erfinder nannte. Diese Wappenverleihung an Mentel hat zu der Sage Veranlassung gegeben, dass Kaiser Friedrich den Buchdruckern als Gesellschaft ein Wappen verliehen habe, jedoch habe ich in meiner »Illustrierten Geschichte der Buchdruckerkunst« den Beweis geliefert, dass das jetzige Buchdruckerwappen nichts anderes ist als ein Siegel, welches die Jenaer Buchdrucker sich im Jahre 1720 anfertigen liessen.

XXI.

Nach der Mittheilung des Jesuiten Serrarius soll der Professor Ivo Wittig, welcher auch als der Herausgeber des deutschen »Livius« und als Verfasser der demselben vorgesetzten, oben angeführten Widmung betrachtet wird, dem Erfinder im Hofe Zum Gutenberg, welcher später der Sitz der Juristenfacultät wurde, einen Denkstein gesetzt haben mit der Inschrift:

| Io. Gutenburgensi Moguntino, qui primus omnium literas aere imprimendas inuenit, hac arte de orbe toto benemerenti Iuo VVitigisis hoc saxum pro monimento posuit 1508. | Dem Joh. Gutenburg aus Mainz, welcher der erste von allen das Drucken mit ehernen Lettern erfand, durch diese Kunst um den ganzen Erdkreis wohlverdient. Ivo Witig hat diesen Stein zu seinem Andenken gesetzt 1508. |

Man hält dieses Datum, da Ivo Wittig am 4. December 1507 starb, für einen Druckfehler; der Stein selbst besteht nicht mehr, er muss in den Kriegsstürmen verloren gegangen, vielleicht verbaut worden sein.

XXII.

Von sonstigen Mittheilungen über Gutenberg sind noch die Berichte hervorzuheben, welche der Abt Trithemius handschriftlich hinterlassen hat, weil dieser nach seiner eigenen Angabe mit Peter Schöffer persönlich verkehrte. In der Chronik von Spanheim sagt er zum Jahre 1450:

| His quoque temporibus ars imprimendi et caracterizandi libros a novo reperta in civitate Moguntina, per quendam civem, qui Joannes Gutenberg dicebatur; qui cum omnem substantiam, propter nimiam difficultatem inventionis novae, in eam perficiendam exposuisset, consilio et auxilio bonorum virorum, Joannis Fust et aliorum adjutus, rem incoeptam perfecit. Primus autem hujus artis dilator fuit, post ipsum inventorem, Petrus Opilio de Gernsheim, qui multa volumina suo tempore impressit. Morabatur autem praefatus Joannes Gutenberg Moguntiae in domo, dicta zum | Zu diesen Zeiten wurde die Kunst, Bücher mit Buchstaben zu drucken, zuerst erfunden in der Stadt Mainz durch einen Bürger, welcher Johann Gutenberg genannt wurde, und welcher, nachdem er sein ganzes Vermögen wegen der grossen Schwierigkeit der neuen Erfindung auf deren Ausbildung verwendet hatte, mit dem Rathe und der Hilfe guter Männer, Johann Fust und Anderer, das angefangene Werk vollendete. Der erste Verbreiter dieser Kunst jedoch war nach dem Erfinder Peter Schäfer von Gernsheim, welcher viele Bücher zu seiner Zeit druckte. Es |

Jungen, quae domus usque in praesen- wohnte aber der genannte Johann Guten-
tem diem illius novae artis nomine digno- berg zu Mainz in dem Hause, zum Jun-
scitur insignita. gen genannt, welches Haus bis auf den
heutigen Tag mit dem Namen der neuen Kunst bezeichnet wird.

Die letztere Behauptung beruht auf einem Irrthum, denn nach Schaab wird in einem Bauamtsbescheid vom Jahre 1524 das Haus zum Humbrecht das Druckhaus genannt. Dieses Haus war im Besitze Peter Schöffers und ging nach dessen Tod 1502 oder 1503 an seinen Sohn Johann über, während sein zweiter Sohn Peter das Haus zum Korb erhielt.

In den 1690 zu St. Gallen gedruckten, um 1513 geschriebenen »Annalen des Klosters Hirschau« erzählt Trithemius bei dem Jahre 1450 ausführlicher: »Um diese Zeit ward in Mainz, und nicht in Italien, wie einige fälschlich berichten, jene wunderbare und früher unerhörte Kunst, Bücher mittels Buchstaben zusammenzusetzen und zu drucken, durch Johann Guttenberger, einen Mainzer Bürger, erfunden und ausgedacht, welcher, als er beinahe sein ganzes Vermögen für die Erfindung dieser Kunst aufgewendet hatte und, mit allzu grossen Schwierigkeiten kämpfend, bald in diesem, bald in jenem mit seinen Mitteln zu kurz stand und sehr nahe daran war, das ganze Unternehmen, an dem Erfolge verzweifelnd, aufzugeben, endlich mit dem Rathe und den Vorschüssen des Johann Fust, der ebenfalls ein Mainzer Bürger war, die angefangene Sache vollbrachte. Demnach druckten sie zuerst das mit dem Namen »Katholikon« bezeichnete Wörterbuch, nachdem sie die Züge der Buchstaben nach der Ordnung auf hölzerne Tafeln gezeichnet und die Formen zusammengesetzt hatten (*formisque compositis*); allein mit denselben Formen konnten sie nichts anderes drucken, eben weil die Buchstaben nicht von der Tafel ablösbar und beweglich, sondern, wie gesagt, eingeschnitzt waren. Nach dieser Erfindung folgten künstlichere, sie erfanden die Art und Weise, die Formen aller Buchstaben des lateinischen Alphabets zu giessen, welche Formen sie Matrizen nannten, und aus welchen sie wiederum eherne oder zinnerne, zu jeglichem Drucke genügende Buchstaben gossen, welche sie früher mit den Händen schnitzten (*invenieruntque modum fundendi formas omnium Latini Alphabeti litterarum, quas ipsi matrices nomi-*

Bericht des Abtes Trithemius.

nabant, ex quibus rursum aeneos sive stanneos characteres fundebant, ad omnem pressuram sufficientes, quos prius manibus sculpebant). Und in der That, wie ich vor beinahe 30 Jahren aus dem Munde des Peter Schäfer von Gernsheim, eines Mainzer Bürgers und Schwiegersohnes des ersten Erfinders der Kunst, gehört habe, hatte die Buchdruckerkunst vom Anfange ihrer Erfindung an grosse Schwierigkeiten. Denn als sie beschäftigt waren, die Bibel zu drucken, hatten sie schon mehr als 4000 Gulden ausgegeben, ehe sie das dritte Quaternion zu stande gebracht hatten. Der erwähnte Schäfer aber, damals Gehilfe, nachher, wie gesagt, Tochtermann des ersten Erfinders, Johannes Fust, ein kluger und sinnreicher Kopf, dachte eine leichtere Art, die Buchstaben zu giessen, aus und vervollständigte die Kunst, wie sie jetzt ist. Und diese drei hielten ihre Art und Weise zu drucken eine Zeit geheim, bis sie durch Gehilfen, ohne deren Mitwirkung sie die Kunst selbst nicht ausüben konnten, zuerst zu den Strassburgern und endlich zu allen Nationen verbreitet wurde. Das Gesagte mag über die wunderbare Buchdruckerkunst genügen, deren erste Erfinder Mainzer Bürger waren. Die drei ersten Erfinder wohnten aber zu Mainz im Hause zum Jungen, welches hernach und bis jetzt das Druckhaus genannt wurde.«

Die Erzählung des Trithemius leidet offenbar an einzelnen Unrichtigkeiten, denn das »Katholikon« wurde 1460 gedruckt und war also nicht das erste Buch, der Psalter hat das gedruckte Datum 1457. Auch ist das »Katholikon« kein Tafeldruck, und es liegt nichts vor, was einen früheren Holztafeldruck dieses Buches annehmen liesse. Die Beschreibung des Gusses der Matrizen erinnert an den Rothguss, der nicht erst erfunden zu werden brauchte, wogegen die Herstellung der Matrizen für Lettern auf diesem Wege allerdings eine Erfindung war. Auffallenderweise ist hier von Punzen gar nicht die Rede. Die 4000 Gulden für die ersten drei Quaternionen scheinen übertrieben zu sein; selbst das beste Papier, der Riess zu sechs Gulden gerechnet (das gewöhnliche Kanzleipapier kostete um diese Zeit in Mainz nur zwei Gulden), ergab für 300 Exemplare der 42zeiligen Bibel erst 1200 Gulden, die Lettern konnten selbst im Rothguss nur 200 bis 300 Gulden kosten.

XXIII.

Hundert Jahre nach der Erfindung, im Jahre 1541, veröffentlichte der Mainzer Corrector Arnold Bergellanus ein lateinisches Lobgedicht, welches im wesentlichen folgendes enthält:

»Die beinahe göttliche Kunst, mit gegossenen Buchstaben Bücher zu drucken, wurde in den Mauern der alten Stadt Mainz zur Zeit Friedrich III. 1450 erfunden. Da entfloss dem berühmten Johann Gutenberg gleichwie einem lebendigen Strome das Werk. Man sagt, dass die Stadt Strassburg ihn von seiner Kindheit an in ihrem Schosse ernährt habe, aber Mainz spendete ihm, allen ihren Bürgern, erfreuliche Gaben. Dort begann er die Erstlinge seines Wirkens zu bilden, hier aber brachte er das Werk der Kunst zur Reife. Er war von vornehmer Abstammung, doch von noch höherer Tugend, daher er ein Ritter von wahrem Adel zu nennen ist. Sein Fingerring gab ihm die erste Veranlassung, das der Pallas würdige Werk mit dem Grabstichel zu versuchen. Dann betrachtete er eine Weinpresse und sprach: Die neue Presse soll so gemacht werden. Er rief Gott um Beistand an, ihm ward Gewährung, und göttliche Begeisterung erfüllte ihn. Mit emsigen Händen ging er ans Werk, bald rieb er sich das sorgenschwere Haupt, bald versuchte er auf verschiedene Weise den Grabstichel anzuwenden; er suchte einsame Orte auf, liess oft voll Ueberdruss das Werk wieder liegen und kehrte immer wieder zu den rohen Versuchen zurück. Und es vergieng kein Tag, wo nicht mit emsiger Hand Buchstaben geschnitzt wurden, und er bildete die Lautzeichen aus hartem Messing. Allein neue Sorgen erwuchsen ihm nun. Als die ausgeschnittenen Werke nun vor ihm dastanden, die Arbeit sein kleines Vermögen aufgezehrt hatte und er doch nicht vermochte, die Kunst zum bestimmten Ziele zu führen, war er schon auf dem Punkte, das angefangene Werk aufzugeben. Endlich wurde er durch den freundschaftlichen Rath des Faust ermuntert, welcher seinen erschöpften Kräften Hilfe brachte. Faust gab zu dem Unternehmen das Licht und die Kosten her. Und diese Männer schneiden nun in leichtes Holz die ersten Buchstaben, welche jeder auf verschiedene Weise einzeichnen konnte. Nachdem sie Tropfen von Sepia darauf gebracht hatten, legten sie einsaugendes Papier darüber, und die geschnitzte Tafel gab die abgedruckten Zeichen wieder. Da aber die Buchstaben nicht von ihrer Stelle weggenommen werden konnten und darnach nicht geeignet waren, verschiedentlich gebraucht zu werden, kam ihnen Peter Schäfer zu Hilfe, den kaum irgend ein Anderer im Schnitzen übertraf. Dieser, ein scharfsinniger Kopf, bildete merkwürdig ausgestochene Werke, welche die Nachwelt mit dem Namen »Matrizen« bezeichnete, und goss zuerst Gestalten der Töne in Erz, welche in unzähligen Weisen zusammengesetzt werden konnten. Nun erwachte die Hoffnung von neuem, das Geschäft wurde an geheimen Orten und ohne Zeugen betrieben, damit es nicht die Beute gewinnsüchtiger Menschen werden möge. Zuerst wurde die kaum geborene Kunst mit rohen Versuchen geübt, bald aber durchbrach sie die Schranken, und nachdem die Genannten die Feile noch angelegt hatten, wurde sie durchaus zur Vollkommenheit gebracht. So wurde dieses Werk durch eine heilige Dreiheit vollendet. Der erste war Gutenberg, der zweite Faust, der dritte Schäfer. Nun betrieben diese das neue Werk unter sich mit grossem Eifer Tag und Nacht, die einen setzten die Worte zusammen, die anderen handhabten die Presse. Sie gaben verschiedene Büchlein heraus, welche sie mittels metallener Buchstaben druckten, und die von aller Welt bewundert werden. Als sie nun sahen, dass die seltene Ware Glück machte, schlossen sie einen Vertrag, dass alles, was Gott und das Glück bescheren würde, gemeinschaftlich, dagegen aber auch die Last der Arbeit für sie gleich sein sollte. Allein die Bündnisse auf Gewinn werden selten durch Einigkeit gestärkt, sie werden leicht von Zwietracht erreicht. So kehren auch hier die Urheber des Vertrags, als die Hoffnung auf Gewinn sie zu erfüllen anfing, ihr befangenes Gemüth der Zwietracht zu, sie trennen sich und lösen den Vertrag auf, die Zusagen entfallen, das Vertrauen wird zu nichte. Fortan sollte nun jeder mit eigener Presse aller Welt dienen und für sich nach reichem Gewinn streben. Gutenberg erträgt den ungerechten Streit nicht, er ruft Gott zum Zeugen an, dass der Vertrag gebrochen wurde. Die Sache wurde endlich vor ein furchtsames Gericht gebracht, und es ward ein abscheulicher Process vor ihm geführt. Allein lange Zeit hindurch ist die Sache in scherzhaftem Streit geführt worden, und sie ist noch heute vor Gericht anhängig.«

Es geht hieraus hervor, dass Bergellanus von der Erfindung der Buchdruckerkunst nicht mehr wusste, als was Trithemius, dessen Handschrift er eingesehen hatte, erzählt; die Einzelheiten seiner Erzählung, wie Gutenbergs Siegelring und die Weinpresse, sind Ausschmückungen seiner keineswegs richtigen Einbildung. Neu in seiner Erzählung ist der Streit zwischen Gutenberg und Fust, der aus dem frühzeitigen Entstehen zweier Druckereien mit Sicherheit zu erschliessen ist, doch ist der Schlusssatz, dass der Streit nach hundert Jahren noch fortdauere, befremdend. Prof. David Köhler 1741 liess sich sogar zu der Annahme verführen, dass die Verwandten des Erfinders verpflichtet gewesen seien, angebliche Forderungen Fusts an Gutenberg zu ersetzen, und beruft sich auf einen in Lersners »Chronik von Frankfurt« (l. I, cap. 28, S. 438) abgedruckten Brief eines Peter Gernßheim, Buchdruckers zu Frankfurt 1485, an Johann Genßfleisch, weltlichen Richter in Mainz, worin Schöffer diesen, den er seinen lieben Gevatter nennt, um die Bezahlung einer Schuld, deren Höhe er nicht angibt, mahnt. Selbst angenommen, dieser Brief sei echt, obwohl es 1485 keinen Buchdrucker Peter Gernßheim in Frankfurt gegeben hat, sondern nur einen Peter Schöffer aus Gernsheim in Mainz, und dieser nicht nöthig hatte, von Frankfurt nach Mainz zu schreiben, da er doch nach der Messe nach Mainz zurückkehrte und seinen lieben Gevatter mündlich mahnen konnte, so würde aus einer Schuld zwischen den beiden Gevattern noch durchaus kein Rückschluss darauf zu ziehen sein, dass dieselbe auf einem Rechtsstreite zwischen Gutenberg und Fust beruhe.

XXIV.

Im XVII. Jahrhundert schrieb ein Frankfurter Bürger, Johann Friedrich Faust, der sich für einen Verwandten des Mainzer Gesellschafters Gutenbergs, Johann Fust, hielt, einen »Discurs vom Ursprunge der Druckerei, wer, auch wann und an welchem Ort solche erstmals erfunden«, von welchem zuerst ein Auszug von Ph. L. Authaeus 1681 veröffentlicht und auch in Lersners Chronik aufgenommen wurde. Prof. Wolf veröffentlichte den vollständigen Text, ins Lateinische übersetzt, in seinen »Monumenta typografica« 1740 und Prof. David Köhler deutsch in seiner »Ehrenrettung Gutenbergs« 1741.

Nach einer Einleitung, in welcher er beklagt, dass der Erfinder der Buchdruckerkunst in seinem Vaterlande nicht bekannt sei, erzählt er, Johann Faust zu Mainz sei den Studien sehr ergeben gewesen und dadurch auf den Gedanken gekommen, Bücher durch den Druck leichter herzustellen. Er habe daher ein Alphabet auf einer Holztafel ausgeschnitten, aber dazu eine eigene Tinte erfinden müssen, da die gemeine Tinte in dem Holze verflossen sei; er habe es dann mit Lampenruss versucht und endlich eine schwarze, zähe Tinte erfunden, welche Bestand hatte. Als er diese erfunden und die Holztafeln auf kleinen Pressen leicht gedruckt habe, hätten sie grosse Verwunderung erregt und seien gerne gekauft worden. Er habe hierauf den Donat gedruckt, sei dann auf den Gedanken gekommen, die Tafeln zu zerschneiden und die Buchstaben einzeln zu setzen. Weil dies aber langsam von statten gegangen und viel Arbeit verursacht habe, sei er in Sorge und Schwermuth gerathen. Nun sei unter den Dienern, welche er zur Druckerei verwendete, und welche ihm Tinte sieden, setzen und sonstige Hilfe leisten mussten, einer, Peter Schöffer von Girnsheimb, gewesen, welcher den Gedanken hatte, die Buchstaben in Punzen zu schneiden und nachzugiessen. Dieser habe insgeheim eine Punze von einem ganzen Alphabet geschnitten und seinem Herrn sammt den Abgüssen oder Matrizen gezeigt, welches diesem, Johann Faust, so wohlgefallen habe, dass er ihm vor Freuden seine Tochter Christine zur Ehe zu geben versprach und dies auch bald nachher wirklich vollzogen habe. Der Abdruck und der Nachguss dieser Buchstaben habe aber so viel Mühe gekostet wie die Holzbuchstaben, bis man eine gewisse Mixtur, welche der Gewalt der Presse eine gute Zeit widerstehen konnte, erfunden habe. Darauf hätten Schwäher und Tochtermann ihre Gehilfen mit Eidpflichten verbunden, diese Sache höchst geheim und verschwiegen zu halten, hätten auch die Breter (Holztafeln) und ersten Anfänge, wie auch die hölzernen Buchstaben in Schnüre eingefasst, aufgehoben und zu Zeiten guten Freunden gezeigt. Sein Grossvater, Dr. Johann Faust, habe diese Anfänge und den ersten Theil des Donats gesehen und in Händen gehabt, wie eine von ihm nachgelassene Handschrift bezeuge. Dennoch sei die Sache nicht geheim geblieben; sein nächster Nachbar Johann von Guttenberg (man sei auch der Meinung, dass Johann Faust und Guttenberg zusammen in einem Hause, genannt zum Jungen, in Mainz gewohnt haben, weshalb dieses auch den Namen von der Druckerei erhalten habe), sei inne geworden, dass solche Kunst nicht nur grossen Ruhm, sondern auch guten und ehrlichen Gewinn bringe, habe sich daher freundlich zu Faust gethan und seine Dienste mit Darschiessung des nothwendigen Verlags angeboten, was Faust gerne angenommen habe, weil das Werk, das er zu drucken vorhatte, auf Pergament verfertigt werden sollte, und daher grosse Kosten erforderte. Sie hätten sich nun vereinigt und einen Contract aufgerichtet, wonach alles, was zum Werke gehörte, auf beiderlei Gewinn und Verlust gehen und zu Zinsen aufgenommen werden solle. Weil aber Faust mehr aufgenommen und die Unkosten sich höher belaufen, als Guttenberg vermeinte, habe er seinen halben Theil nicht zahlen wollen; darüber seien sie beide vor das weltliche Gericht zu Mainz gerathen, welches auf alles Ein- und Vorbringen, sowie geschehenen Beweis erkannte: Würde Johann Faust mit leiblichem Eid betheuern, dass solches aufgenommene Geld zu dem gemeinsamen Werke verwendet und nicht ihm allein zu Nutzen gekommen sei, soll Johann von Guttenberg solches zu erlegen schuldig sein. Solchem Rechtsspruche habe Johann Faust im Reventer zu Mainz zu den Barfüssern Genüge gethan, wie aus einem in Copie beigesetzten Instrumente zu ersehen sei. Aber Johann von Guttenberg sei darüber sehr zornig geworden, daher nicht bei Anhörung des Eides gewesen und habe sich bald darauf von Mainz nach Strassburg begeben, wo er vielleicht einen eigenen Verlag gehabt, denn es seien ihm etliche Gefährten dahin nachgefolgt. So sei die Kunst nicht mehr geheim geblieben, sondern von dem Datum jenes Instrumentes, im Jahre 1455, ausgebreitet worden.

Bei der Prüfung dieses »Discurses« muss vor allem im Auge behalten werden, dass die Familie Faust von Aschaffenburg glaubte, es mag dahingestellt sein, ob mit Recht oder Unrecht, von dem Mainzer Fust abzustammen, denn der Reichsgerichts-Schöffe Johann Friedrich Faust sagt in Lersners »Chronik der Stadt Frankfurt« (gedruckt 1706): »Es sind die Faust von Aschaffenburg ein sehr altes, ehrliches und vornehmes Geschlecht, welches sich jederzeit von ihren Renten und

Zinsen ernährt oder in grosser Herren und Städte Diensten gebrauchen liess. Wo der erste gelebt, ist nicht wohl anzuzeigen, ich beklage die Nachlässigkeit meiner Voreltern in diesem Stück. Zwar kann es auch sein, dass durch die Länge der Zeit die Documente verloren gegangen sind. Johann Faust, welcher 1420 gestorben, muss ich für den Stammvater halten. Dessen Sohn gleiches Namens ist Mitverleger der Buchdruckerei in der Stadt Mainz; etliche wollen wider seinen Dank ihn zu einem Erfinder haben und machen, er hat aber in der That nur mit seinem Vermögen und gutem Rath geholfen. Er soll eine Tochter gehabt haben, Namens Christina, welche er Herrn Peter von und zu Gernsheim, genannt Schäffer, wegen dessen Fähigkeiten, insbesondere wegen seiner Verbesserung (Facilitierung) der Buchdruckerei, zur Frau gegeben, und ihn als Sohn adoptiert haben. Diese zeugten Johann von Gernsheim, dessen Sohn gleichen Namens ohne Erben starb.«

Trotz dieser angeblichen Verwandtschaft enthält der »Discurs« wenig Neues. Er lässt Gutenberg das Drucken von Holztafeln erfinden, was bereits vorhanden war, lässt ohneweiters Pressen gebrauchen, lässt ein Anlehen aufnehmen, nicht weil ein umfangreiches Werk zu drucken war, sondern weil ein Werk auf Pergament gedruckt werden sollte, er lässt die Punzen schneiden und nachgiessen, alles Sachen, welche eine Unkenntnis der Technik verrathen. Eine der jetzt in Paris und im Haag befindlichen Holztafeln scheint Faust sen. gesehen und für Gutenbergs Werk gehalten zu haben, ebenso Holzbuchstaben; ausserdem ist er in den Besitz einer Originalurkunde gekommen, welche sich auf einen Rechtsstreit zwischen Gutenberg und Fust bezieht. Diese Urkunde ist noch gegenwärtig in der Universitätsbibliothek zu Göttingen vorhanden, und Herr Dziatzko hat sie in seinen »Beiträgen zur Gutenbergfrage« (Sammlung bibliothekarischer Arbeiten, 2. Heft, Berlin 1889) in Lichtdruck veröffentlicht; Joh. Fr. Faust jun. hat sich jedoch erlaubt, die Namen Gutenberg und Fust zu verwechseln, ein Beweis, wie wenig genau man es damals mit der Wahrheit nahm; und wenn man auch nicht annehmen mag, dass Joh. Fr. Faust sen. oder jun. diese Urkunde selbst erzeugten, so ist doch immerhin möglich, dass dem nach Verwandtschaftsbeweisen so lüsternen Joh. Fr. Faust sen. ein Schriftstück angehängt werden konnte, welches seinen Wünschen entsprach und von ihm gut bezahlt wurde. Ich werde auf diese Urkunde noch zurückkommen.

Jedenfalls sehen wir in diesem Capitel das merkwürdige Ereignis, dass ein Mann, welcher sich nie öffentlich als den Erfinder der Buchdruckerkunst, ja selbst nicht als Drucker nannte, während andere als Drucker prahlten und sich sogar, wie Jenson, von Einzelnen als Erfinder feiern liessen, in seltener Uebereinstimmung von den gelehrten Genossen seines Jahrhunderts, welche durch die Druckergehilfen von dem Sachverhalte unterrichtet sein mussten, als der Erfinder gefeiert wurde. Je mehr die mit den Vorgängen Unbekannten aus den Schlussschriften der Fust-Schöfferschen Bücher ins Dunkle geführt wurden, desto überraschender ist die Nennung Gutenbergs, der auch, wie aus XV, XVI, XVII, XVIII hervorgeht, Gänsfleisch hiess. Und wie die Wahrheit immer klarer wird, je mehr man ihr nachforscht, so hat gerade die jüngste Zeit aus vergessenen Büchern unverwerfliche Zeugnisse dafür beigebracht, dass Gutenberg der Erfinder der Buchdruckerkunst ist (siehe S. 61, Nr. IX). Leider ist in XXIV gezeigt worden, wie leichten Muthes gefälscht wurde, und es ist daher zweckmässig, die Geschichte der Erfindung in dieser Beziehung zu prüfen.

4. Geschichtsfälschungen.

I.

Obwohl Johann Schöffer, der Sohn des Peter Schöffer von Gernsheim, im Jahre 1505 in der Widmung der deutschen Ausgabe des Livius »den kunstreichen Johann Guttenbergk« als den Erfinder der Buchdruckerkunst genannt hatte, fing er im Jahre 1509 in der Schlussschrift zum Enchiridion an, seinen Grossvater Johann Fust als den Erfinder zu bezeichnen. Im Jahre 1515 versah er des Trithemius Chronik mit einer Schlussschrift in Form eines Kelches, welcher ein Giftbecher für das Andenken Gutenbergs werden sollte. Der Text desselben, welcher auf der folgenden Seite in treuer Nachbildung[1]) folgt, lautet ins Deutsche übersetzt:

»Gedruckt und vollendet ist gegenwärtiges Geschichtswerk im Jahre des Herrn 1515 am Vorabende des Margaretetages in der edlen und berühmten Stadt Mainz, der ersten Erfinderin dieser Kunst des Buchdrucks, von Johann Schöffer, Enkels des ehrbaren Mannes weiland Johann Fust, Bürgers zu Mainz, des ersten Urhebers der merkwürdigen Kunst, welcher endlich die Kunst des Druckens aus eigener Geisteskraft zu erdenken und zu erforschen angefangen im Jahre der Geburt des Herrn 1450, in der 13. Indiction, unter der

---

[1]) Als Gegenstück folgt auf S. 85 die Nachbildung dieser Schlussschrift, welche Dr. van der Linde in seinem »Gutenberg«, S. 238, und in seiner »Geschichte der Erfindung der Buchdruckkunst«, S. 290, gegeben hat; dieselbe ist ein Nachdruck der von Dr. C. A. Schaab in seiner »Geschichte der Buchdruckerkunst«, I, 557, oder Anderen gegebenen ungenauen Abschrift. Und das nennt sich exacte Forschung.

⊄ IMPRESSVM ET COMPLETVM EST PRESENS
chronicarum opus · anno dñi MDXV. in uigilia Marga
retæ uirginis. In nobili famofaq3 urbe Moguntina, hu=
ius artis impreſſorię inuentrice prima. PerIOANNEM
Schöffer, nepotē quōdā honefti uiri IOANNIS fufth
ciuis Moguntiñ, memorate artis primarij auctoris
Qui tandē imprimendi artē proprio ingenio ex=
cogitare fpeculariq3 cœpit āno dñicę natiuitatis
MCCCC.L. indictiōe XIII. Regnante illu
ftriffimo Ro. imperatore FREDERICO
III. Pręſidente fanctæ Moguntinæ fedi
Reuerēdiffimo in chro pre domino
THEODERICO pincerna de Er=
pach pricipe electore Anno aūt
M.CCCC.LII. perfecit dedu=
xitq3 eā(divina fauente gra
tia) in opus inprimēdi
(Opera tñ ac multis
neceffarijs adin=
uentionibus
PETRI
Schöffer de
Gernſhei mini=
ftri fuiq3 filij adopti=
ui) Cui etiam filiam fuam
CHRISTINAM fufthiñ p
digna laborū multarūque adinuē=
tionū remuneratiōe nuptui dedit. Re=
tinuerūt aūt hij duo iā prenominati IOANNES
fufth & PETRVS Schöffer hāc artem I fecreto (omi=
bus miniftris et familiaribus eos, ne illā quoqmodo mani
feftarēt, iureiurādo aftrictis (Quo tandē de āno dñi MCCCC
LXII p eofdem familiares i diuerfas terrasquincias diuulgata
haud parum sumpfit Icrementum.'.

Impreffum et completum eft prefens
chronicarum opus anno Dni MDXV. in vigilia Margarete virginis. jn nobili famofaque urbe moguntina, huius artis imprefforie inventrice prima. per joannem Schoeffer nepotem quondam honefti viri Joannis Fusth civis Moguntini, memorate artis primarii auctoris: Qui tandem imprimendi artem proprio ingenio excogitare fpecularique cepit anno dominice nativitatis MCCCCL. indictione XIII. regnante illuftriffimo Rom. Imperatore Frederico III. prefidente fancte Moguntine fedi reverendiffimo in ch(ris)to patre domino Theodorico pincerna de Erpach principe electore. Anno autem MCCCCLII. perfecit deduxitque eam (divina favente gratia) in opus imprimendi (Opera tamen ac multis neceffariis adinventionibus Petri Schoeffer de gernsheim, miniftri fuique filii adoptivi) cui etiam filiam suam Christinam Fufthin pro digna laborum multarumque adinventionum remuneratione nuptui dedit. Retinuerunt autem hi duo iam prenominati Joannes Fufth et Petrus Schoeffer hanc artem in fecreto (omnibus miniftris et familiaribus eorum, ne illam quoque modo manifeftarent, iureiurando aftrictis). Que tandem de Anno dni. MCCCC. LXII. per eosdem familiares in diverfas terrarum provincias divulgata haud paruum fumfit incrementum.

Nr. 30. Dr. van der Linden Nachdruck der Schlusschrift zu Trithemius Chronik.

Regierung des erlauchtesten Römischen Kaisers Friedrich III. und dem Schutze des heiligen Mainzer Stuhls, des ehrwürdigsten in Christo Vaters und Herrn Theodorich von Erpach, des Kurfürsten, aber im Jahre 1452 dieselbe (mit Gottes Beistand) vollendet und zur Bewerkstelligung des Druckens gebracht hat (jedoch mit Beihilfe und vielen nothwendigen Erfindungen des Peter Schöffer von Gernsheim, seines Dieners und Adoptivsohnes, welchem er auch seine Tochter Christina Fust als würdige Belohnung der Arbeiten und vielen Erfindungen desselben zur Ehe gab). Es hielten aber diese beiden vorgenannten Johann Fust und Peter Schöffer diese Kunst geheim (indem sie alle Gehilfen und Diener mit einem Eide verbanden, dieselbe auf keine Weise zu offenbaren), welche Kunst endlich im Jahre 1462 durch dieselben Hausgenossen in verschiedenen Ländern verbreitet wurde und nicht wenig anwuchs.«

Diese Schlussschrift beweist, dass man selbst gedruckten Zeugnissen gegenüber sehr vorsichtig sein muss. Das einzige Wahre in dieser Erzählung ist die Verehelichung des Peter Schöffer mit der Tochter Fusts; dagegen haben die Jahreszahlen für die Erfindung 1450 und 1452 keinen Wert, in solch einem kurzen Zeitraume wurde allenfalls ein Buch gedruckt, sicher aber konnten nicht alle Vorbereitungen für die Buchdruckerkunst getroffen werden. Auch das Jahr 1462 als Zeit der Verbreitung der Buchdruckerkunst ist nicht richtig: wir wissen, dass in Strassburg schon früher gedruckt wurde. Diese Schlussschrift scheint die Quelle derjenigen gewesen zu sein, welche die Verbreitung der Buchdruckerkunst mit der Erstürmung von Mainz durch den Erzbischof Adolf von Nassau 1462 in Verbindung bringen.

Wenige Jahre später erwirkte Johann Schöffer sogar eine kaiserliche Anerkennung seiner Geschichtsfälschung. In dem Druckprivilegium für die lateinische Ausgabe des Livius 1519 heisst es: »Wir Maximilian etc. Unserem wohlachtbaren, dem heiligen Reich getreuen, von Uns geliebten Johann Scheffer, Buchdrucker zu Mainz, Gunst und alles Gute! Da, wie wir gelehrt und erinnert worden sind durch das Zeugnis glaubwürdiger Zeugen, die geistreiche Erfindung des Letterndrucks, die Deinem Grossvater verdankt wird, in glücklichem Aufschwunge sich über den gesammten Erdkreis ergossen hat etc.« Es scheint, dass man in der kaiserlichen Kanzlei gegen gute Bezahlung alles unterschrieb, was vorgelegt wurde, oder dass man daselbst so wenig Wert auf die Buchdruckerkunst legte, dass man ganz vergessen hatte, wie 14 Jahre vorher Johann Schöffer selbst einen anderen Erfinder der Buckdruckerkunst genannt hatte.[1]) Vielleicht wurde die kaiserliche Kanzlei dadurch irre geführt, dass der gelehrte Desiderius Erasmus von Rotterdam in der Vorrede dieses Livius selbst für Fust eintrat und sagte: »Wenn der bekannte Ptolomaeus Philadelphus sich durch seine alexandrinische Bibliothek ein unsterbliches Denkmal gesetzt hat, die zwar vorzüglich und auch reichhaltig, aber doch nur Eine war, welcher Preis gebührt dann Männern, die tagtäglich ganze Bibliotheken, sozusagen ganze Welten von Büchern jeder Art und jeder Zunge uns an die Hand geben? Von dieser Bewunderung gebührt der Löwenantheil den Erfindern der sozusagen göttlichen Beschäftigung. Unter diesen soll der hervorragendste gewesen sein, würdig gefeiert zu werden von der Erinnerung aller Zeiten, Johann Faust, der Grossvater des Mannes, dem wir den vorliegenden ... Livius verdanken.«

Da er den Fust »den hervorragendsten unter den Erfindern« nennt, so muss Erasmus ebenso wie Fichet, Palmer, Foresta und die deutschen Professoren Werner, Herbst und Wimpfeling gewusst haben, dass Gutenberg der eigentliche Erfinder war, und er folgte jedenfalls nur dem Wunsche des Johann Schöffer, indem er dessen Grossvater allein nannte. Bei der Berühmtheit, welche sich Erasmus errang, darf man nicht mit jenen rechten, die ihm nachschrieben.

II.

Wie Johann Schöffer, so suchte auch der Strassburger Buchdrucker Johann Schott seinen Grossvater, welcher Johann Mentel hiess, zum Erfinder der Buchdruckerkunst aufzuwerfen. Er benützte

---

[1]) In merkwürdigem Widerspruche mit der Angabe des lateinischen Livius wurde in der deutschen Ausgabe desselben Buches die Angabe, dass Gutenberg der Erfinder sei, fortgeführt, wie ich mich aus der in der k. k. Hofbibliothek befindlichen Ausgabe von 1514 überzeugt habe.

das bereits oben (S. 72) erwähnte, von Kaiser Friedrich III. diesem verliehene Wappen, um es mit einer Aufschrift zu versehen, welche den Mentel als Erfinder der Buchdruckerkunst bezeichnete, und im Jahre 1536 veröffentlichte er in seinem Historienbüchlein folgenden Vers:

M.CCCC.XL.. Den Buchtruck (merck) am erften fand
             Mit synn vnd kunft im Teütschen land
             Hans Mentlin zu Strasßburg. ift war,
             Der hyelt die kunft in ftyll, für gjar,
             Brach doch, durch vntrew erftlich uß
             Zu Mentz, das hat man gewiß zeugnuß.
             Vnd tregt Teütschland des ewig kron
             Vor allen andern Nation,
             Wie kunftreich fye fchon feind vnd gfchickt.
             Hat fye doch hyemit Gott anblickt.

Johann Mentel war Goldschreiber, und es ist nicht unwahrscheinlich, dass er als solcher mit der Ausschmückung der Gutenbergbibeln beauftragt wurde. Nach der Erzählung des Faust von Aschaffenburg soll sich Gutenberg nach dem Streite mit Fust nach Strassburg begeben haben, und es ist wahrscheinlich, dass er dies that und seinem Vetter Jakob von Sorgenloch seine Mainzer Werkstätte überliess, denn dadurch wäre die frühzeitige Verpflanzung der Buchdruckerei nach Strassburg und der Bericht des Lignamine erklärlich, wonach um 1459 Jacobus Gutenberg und Fustus in Mainz und Johannes Mentelinus in Strassburg jeder täglich 300 Blätter druckten. Wenn darauf Gutenberg wieder nach Mainz zurückkehrte, worüber Mentel sehr betrübt war, so konnte leicht die Sage von der Untreue Gutenbergs entstehen, welche der Baumeister Daniel Specklin in der Strassburger Chronik in folgender Weise erzählt: »Anno 1440. Damals ward die herrliche Kunst, die Buchdruckerei, zu Strassburg erfunden durch Johann Mentele am Frohnhof zum Thiergarten, sein Schwager Peter Scheffer und Martin Flach[1] verlegten solches, aber sein Diener Johann Genssfleisch, als er ihm die Kunst genugsam abgestohlen, floh in seine Heimat gen Mainz, wo er dieselbe durch den Guthenberger, welcher reich war, besser in Ordnung brachte.

---

[1] Dieser errichtete in Strassburg eine Druckerei drei Jahre vor Mentels Tode.

Ueber dessen Untreue bekümmerte sich Mentel so hart, dass er starb vor Leid,[2]) und ward zu Ehren der Kunst im Münster begraben und eine Druckerpresse auf seinen Grabstein eingehauen. Hernach strafte Gott seinen Diener Genssfleisch auch, dass er bis an sein Ende blind geworden. Ich habe die erste Presse, auch die Buchstaben, gesehen, sie waren von Holz geschnitten, auch ganze Wörter und Silben, hatten Löcher, und man fasste sie mit einer Nadel an eine Schnur nach einander und zog sie dann nach den Zeilen in die Länge. Es ist Schade, dass man solches Werk, welches das allererste in aller Welt gewesen ist, hat verloren gehen lassen.«

Diese Sagen hatten schon früher den Professor Wimpfeling irre geführt. Nachdem er 1499 anschliessend an Gelthus Widmung den *foelix ansicarus* gefeiert (siehe oben S. 70), schreibt er in dem zu Strassburg 1501 erschienenen Werke *Germania cisrhenana*: »Eure Stadt Strassburg scheint durch die Erfindung der Buchdruckerkunst erhoben zu sein, obschon diese Kunst in Mainz vollbracht worden«; 1502 im *Epitome rerum Germanicarum* (herausgegeben zu Strassburg 1505): »Im Jahre Christi 1440, unter der Regierung Kaiser Friedrichs III. ward von Johann Guttenberg, einem Strassburger, eine beinahe göttliche Wohlthat über die Welt gebracht, indem er eine neue Kunst zu schreiben erfand, denn er hat in der Stadt Strassburg die Kunst zu drucken erfunden, und als er hierauf nach Mainz gekommen, sie glücklich vollbracht.« Im selben Jahre erzählt er in seinem Katalog der Strassburger Bischöfe, von dem Bischof Robert redend, dass unter diesem die edle Buchdruckerkunst von einem Strassburger, obschon unvollkommen, erfunden worden. Als dieser aber nach Mainz gekommen, so sei mit Hilfe eines gewissen Johann Gensfleisch, welcher in seinem Alter blind geworden, in dem Hause zum Guttenberg, worin gegenwärtig das Juristencollegium ist, diese Kunst vervollkommnet und vollbracht worden zum ewigen Ruhm der Deutschen.«

Mit der Sage, dass in Strassburg die Buchdruckerkunst, wenn auch nur unvollkommen, entstanden sei, steht im Widerspruch, dass

---

[2]) 1478, also 21 Jahre nach dem Erscheinen des Mainzer Psalters und 18 Jahre nach dem Drucke seiner (Mentels) Bibel.

in dem bei Johann Prüss in Strassburg 1488 gedruckten *Fasciculus temporum* des Werner Rolewink von einer Erfindung in Strassburg nicht, wohl aber von einer solchen in Mainz gesprochen wird. Die Stelle bezieht sich auf das Jahr 1457 und lautet:

Librorum impressionis scientia subtilissima omnibus seculis inaudita circa haec tempora reperitur in vrbe maguntina.	Diese überaus scharfsinnige Buchdruckerkunst, etwas in allen Jahrhunderten Unerhörtes, wird in dieser Zeit in der Stadt Mainz erfunden.

Die Erzählung des Specklin wurde 1650 von einem Pariser Arzte Jakob Mentel, welcher sich für einen Nachkommen des Strassburger Buchdruckers hielt, obwohl dieser nur Töchter hinterlassen hatte, in zwei Schriften wieder aufgewärmt.

III.

Der Vers des Buchdruckers Schott scheint der Harlemer Erfindungssage zu Grunde zu liegen. In Harlem hatte sich 1561 der Bürgermeister Jan van Zuren mit dem öffentlichen Schreibnotar Coornhert verbunden, um eine Buchdruckerei zu errichten, welche nur zwei Jahre bestand. Coornhert empfahl in einem Widmungsschreiben an den Magistrat zu Harlem das neue Geschäft mit der Bemerkung, dass ihm manchmal in gutem Glauben gesagt worden sei, die nützliche Kunst der Buchdruckerei sei zu allererst hier in Harlem erfunden worden, obwohl in einer sehr rohen Manier. Dieselbe sei nachmals von einem ungetreuen Knecht nach Mainz geführt und dort sehr verbessert worden. Wer der Erfinder gewesen sei, sagte Coornhert nicht; diese Ausschmückung der Fabel erfolgte erst durch Adrian Junius (Adrian der Junge) in seiner *Historia Bataviae* 1588, welcher einen Laurenz Janssoon, genannt Coster, als den Erfinder nannte und behauptete, dass ein gewisser Johannes, sein Gehilfe, bezüglich dessen er es dahin gestellt sein lasse, ob derselbe mit dem Zunamen Faust geheissen, seinem Herrn die Druckerei in der Christnacht gestohlen habe. Schon der Herausgeber des »Spiegels der Ehren des Hauses Oesterreich« 1668 machte sich über diesen Diebstahl lustig, da doch nicht Wagenladungen gestohlen werden könnten;

indessen hingen die Holländer fest an ihrem Glauben, suchten alte, schlechte, undatierte Drucke zusammen, welche sie ihrem Erfinder Coster zuschrieben, und errichteten diesem Standbilder.

In neuerer Zeit wurde durch einen Harlemer, A. van der Linde, welcher reformierter Pastor in Amsterdam gewesen war, auf Grund archivarischer Studien nachgewiesen, dass ein solcher Coster gar nicht existiert hat; seine »Costerlegende«, welche 1870 erschien, machte ein gewaltiges Aufsehen, und ein anderer Harlemer, J. H. Hessels, Bibliothekar in Dublin, übersetzte sie ins Englische. Van der Linde, welcher diese seinen Landsleuten ohnehin peinliche Frage durch die Gehässigkeit seiner Polemik noch verschärft hatte, wurde in seinem Vaterlande unmöglich, er ging nach Deutschland, gab sich als Märtyrer seiner Forschungen aus und wurde Oberbibliothekar in Wiesbaden. Hier schrieb er 1878 ein dickes Buch: »Gutenberg«, welches aber zum grössten Theil mit der breitgeschlagenen Costerlegende ausgefüllt ist, und 1886 die »Geschichte der Erfindung der Buchdruckkunst« in drei starken Quartbänden, deren grössere Hälfte wieder der noch breiter ausgedehnten Costerlegende gewidmet ist. Merkwürdiger Weise hatte das letztere Buch die Folge, dass Hessels, welcher schon durch den »Gutenberg« 1882 zu einer kritischen Gegenschrift: »Gutenberg, war er der Erfinder der Buchdruckerkunst?« veranlasst worden war, mit der Schrift »Harlem, die Geburtsstätte der Buchdruckerkunst« auf den mit der Costerlegende verlassenen holländischen Standpunkt zurückkehrte, indem er sich darauf stützte, dass nach der Cölner Chronik die in Holland gedruckten Donate das Vorbild der in Mainz erfundenen Buchdruckerkunst gewesen seien.

Glücklicherweise kommt es jedoch bei dieser Frage weniger auf die Anschauungen der Schriftsteller, als auf die Thatsachen an, welche sie veröffentlichen, und die Thatsachen, welche van der Linde gegen Coster vorgebracht, und welche Hessels durch die Uebersetzung der Costerlegende zu den seinigen gemacht hat, reichen vollauf hin, die Erfindung der Buchdruckerkunst durch einen gewissen Coster als eine Geschichtsfälschung zu bezeichnen.

IV.

Zu den ganz misslungenen Versuchen, andere Erfinder der Buchdruckerkunst als Gutenberg aufzustellen, gehört der der **Böhmen**, Gutenberg für einen Kuttenberger zu erklären, und der der **Italiener**, welche einen Dichter zu Feltre, Pamfilio Castaldi, die Buchdruckerkunst erfinden und sie von einem Fausto Comesburgo entführen liessen.

V.

Leider haben auch die Vertreter der Ansicht, dass Gutenberg die Buchdruckerkunst erfunden habe, sich nicht auf die vorliegenden Thatsachen beschränkt, sondern da, wo diese schweigen, eigenmächtig zu ergänzen, beziehungsweise zu **fälschen** versucht.

Rotteck lässt in seiner Weltgeschichte 1824, S. 307, Gutenberg im Jahre 1397 geboren werden, nach dem Denkstein im Hofe zum Gänsfleisch soll er 1398 geboren sein; es liegen aber gar keine Nachrichten über die Geburt Gutenbergs vor, jene Zahlen sind leere Vermuthungen.

F. J. Bodmann, Professor in Mainz, liess zu Anfang dieses Jahrhunderts durch den Bibliothekar G. Fischer Abschriften von Urkunden veröffentlichen, deren Originale man vergebens gesucht hat. Von diesem Bodmann wird gerühmt, dass er die Schrift und Sprache des XV. Jahrhunderts sehr geschickt nachzuahmen wusste, was auch der folgende Brief aus Bodmanns Hand beweist:

Der wurdigen geiftlichen Juncfrawen Bertha, Regelern des Clofters zu fente Claren zu Mientzen, myn Grus, vnd waz ich freundlichs vermag zuvor. lieben fchwefter. Als Jr fchrybt, daz uch uwer Gulte, vnd Gelt das uch durch Conrad vnferme bruder in fyner Satzunge befcheiden ift, dick vnd lange Zyt ufs fteende vorliben ift, vnd fich machet uff eyne nemeliche fomma geltz, als ir meldet, des entpieten ich uch, daz ir von myne Zinfe vnd gulte, als ir wol wiffent, die fteende vnd vallende fin vmb Johan Dringelter den Kertzenmacher, vnd Veronika Meyfterfen zu Seilhouen zu Mentze, vnd anderswa zu forswiler vnd zu Bodenheim, und zu Muminheim nemet, vnd entphahent zwentzig Gulden vnd daruber furberlichen uwer Quittancie gebent; will ich, als Gott will, fo ich alleneft by uch zu fin vermein, mit Pedirmann mich des ... bafs uch uwer Gult gefert wirt, als uch gemacht vnd befcheiden ift; wanme, daz diefelbe metzelich ift, Pedirmanne wolle irfarn hait, vnd will des uwer Antwort bafs mogeliche gewarten. Dat. Strazburg feria quinta post Dominicam Reminiscere anno M.cccc.xxiiij. Henne Gensfleifch, genannt Sorgenloch.

Hätte sich Bodmann die Mühe genommen, diesen Brief auf Pergament oder auf Papier des XV. Jahrhunderts zu schreiben, so wäre derselbe als vollgiltiger Beweis des Daseins der Schwester Bertha betrachtet worden, und die eigenhändige Unterschrift Gutenbergs, nach der sich Fischer so sehr sehnte, würde millionenfach vervielfältigt und von der dankbaren Nachwelt mit Rührung betrachtet worden sein. Glücklicherweise liess es Bodmann bei der Abschrift bewenden, und so hat man dieses Schriftstück, von dem man sonst gewiss behauptet hätte, es »strotze vor Wahrheit«, als eine Fälschung erkannt.

Eine andere Abschrift, welche Bodmann durch Fischer veröffentlichen liess, betraf eine angeblich mit vier anhängenden Siegeln versehene Urkunde, laut welcher Henne Gensfleisch von Sulgeloch, genannt Gudinberg, und Friele Gensfleisch im Jahre 1459 dem Kloster Reichenclaren (in welchem sich nach dem vorigen Briefe die Schwester Bertha befinden sollte, aber nunmehr eine Schwester Hebele befand) Bücher schenken, welche Gutenberg gedruckt hat und ferner drucken wird. Glücklicherweise hat Bodmann das Original nicht angefertigt, und daher gilt auch diese Abschrift bei den leichtgläubigsten »berufenen Forschern« als Fälschung.

Bodmann schuf durch einen angeblichen Ausschnitt aus einem Protokoll des Mainzer St. Peterstiftes einen Conrad Fust, Schwager Peter Schöffers. Durch diesen Ausschnitt wurden Bernard, Holtrop, Matten und van der Linde irre geführt. Der letztere bildete daraus als »exacter Forscher« folgenden Beweis: »Der Verleger Johann Fust hinterliess drei Kinder: Johann, der Geistlicher wurde und 1501 starb; Conrad, Nachfolger des Vaters und gestorben nach 1480; Dyna, verheiratet mit Peter Schöffer. Beweise: 1. Conrad Fust, *Civis magunt.*, kommt 1467 beim St. Peterstifte um einen Codex zu Abdruck ein und deponiert dafür ein anderes Druckwerk, Schöffer ist offenbar Nebenperson. 2. Conrad wurde 1467 einer der zwölf Kirchengeschworenen (sein Vater war es 1464) und in dem betreffenden Documente wird von ihm gesagt: Und es ist der Conradus Johannes Fusten selger Nachfahre. 3. Nach 1470 stiften die drei Söhne Johann, Conrad und Peter zu Paris gemeinschaftlich ein Jahresgedächtnis, wie aus einer Angabe im Todtenregister der Abtei St. Victor: *Anniversarius honorabilium virorum Petri Schöffer et Conradi Henlif* (Verstümmelung aus Henchin, i. e. Johannson) etc.¹)« Die zwei ersten Beweise sind somit aus der Luft gegriffen und der dritte Beweis beruht auf einem Irrthum in der Person!

Ferner schreibt Dr. van der Linde über Bodmann:

»Unter seinen zu Miltenberg liegenden Collectaneen zur Geschichte der Erfindung der Buchdruckerkunst findet sich ein Zettel, worauf er eigenhändig mit Bleistift Verschiedenes aus Archivalien des Mainzer Victorstiftes notiert hat. Am Fusse des Blattes steht: *Henchin Gensfleisch qui bibliam fecit 1466. in libro fraternitatis eccl. S. Victor. Lit. L, fol. 7 verso*. Das Darmstädter Staatsarchiv besitzt diesen Liber mit der alten Signatur L, schlägt man aber Blatt 7, Rückseite, nach, so steht da *Hengin Gudenberg civis Moguntinus* und sonst nichts. Aus demselben Buche hat er verschiedene Stückchen, worauf Namen gestanden, ausgeschnitten. Den Gebrauch, den er davon gemacht hat, findet man bei Schaab II, Anmerkung.²) Eine neue freche Fälschung, bis jetzt die fünfte.«³)

Dr. van der Linde weist Bodmann auch folgende Fälschung zu, über welche Hessels berichtet: »Nr. 20. Eine sogenannte Unterschrift in einem *Tractatus de celebratione missarum secundum frequentiorem cursum diocesis maguntinensis*. Ein Exemplar dieses Werkes soll 1781 aus dem Karthäuserkloster bei Mainz in die Universitätsbibliothek dieser Stadt gekommen sein. Gotthelf Fischer gibt (*Essai sur les monumens typogr. de Jean Gutenberg 1882*) den Titel und versichert, er habe es in dieser Bibliothek in einem Bande mit einer Anzahl handschriftlicher Abhandlungen gebunden entdeckt, und der Rubricator habe mit rother Tinte darauf geschrieben:

---

¹) Linde, Gutenberg, S. 509.
²) Dieselbe lautet: »Unter den von Prof. Bodmann hinterlassenen Papieren findet sich ein ausgeschnittener schmaler Riemen Pergament, worauf steht: *Hengin Gudenberg civis mog.*, und darüber von Herrn Bodmanns Hand: *Autographa. In elenchoi fratrum virorum fraternitatis sancti victoris*. Ob dies Gutenbergs eigenhändige Unterschrift ist, will ich nicht behaupten.«
³) Linde, Geschichte der Erfindung, S. 69.

Carthusia prope Maguntiam possidet ex liber
donacione Ioannis dicti a bono monte opuscu
mira sua arte sc̅ e̅ Johannis Nummeister
cleric confectum. Anno domini M" cccc°
lx iij xiij kal. Jul.

Ein Exemplar dieses Buches in Darmstadt hat keine Unterschrift. Die Textschrift ist dieselbe, welche Linde als Type 8 Gutenberg zuschreibt. Mit derselben sind mehrere Bücher gedruckt, darunter ein Prognostikon oder Kalender auf das Jahr 1460.« Hessels fand, dass diese Ziffer durch Ausradierung gefälscht war, und bei Prüfung des Textes ergab sich, dass darin Papst Sixtus IV. erwähnt wurde:

Papa Sixtus quartus hoc anno graues anxieta
tes sentiet. Incomoda etiam natura pacietur. Jupiter

Sixtus IV. wurde 1471 zum Papst erwählt und im folgenden Jahre geweiht. Das Buch war 1482 gedruckt, also aus lxxxii die letzten Zahlen xxii entfernt worden. Hessels schreibt beide Fälschungen nicht Bodmann zu.

Ein Exemplar des Dialogs des Papstes Gregor (um 1470 von Eggestein in Strassburg gedruckt), welches sich in der Bibliothek des Grafen von Pembroke befindet, hat die ziemlich geschickt gefälschte Schlussschrift:

Presens hoc opus factum est per Johan.
Guttenbergium apud Argentinum
anno millesimo ccclviii.

Die erste Nachricht davon gab Palmer in seiner 1732/3 zu London erschienenen »Allgemeinen Geschichte des Buchdrucks«. Diese Schlussschrift ist mit der Hand eingedruckt, die Buchstaben sind ähnlich, aber etwas grösser und haben nicht die alte plumpe Form der Originaltypen. Wer die Fälschung ausgeführt, ist unbekannt.

Van der Linde will die Entdeckung gemacht haben, dass Gutenberg seine Erfindung damit begann, Stempel zu schneiden und

96 Lindes falsche Gutenbergtypen. Bodmanns Notariatsinstrument.

Buchstaben zu giessen. Zum Beleg dafür gab er in seinem »Gutenberg« eine mit den schönen gothischen Typen der Drugulinschen Buchdruckerei in Leipzig gesetzten Text des Anfanges der 42zeiligen Bibel als Original aus. Man wolle diesen Satz, von welchem hier ein Abguss folgt, mit der photographischen Nachbildung des Originals auf S. 27 vergleichen, um sich zu überzeugen, wie leichtfertig Dr. van der Linde mit der Geschichte der Buchdruckerkunst umgeht.

> Incipit epistola sancti Iheronimi ad paulinum presbiterum de omnibus diuine hystorie libris. capitulū pmū.
> Frater ambrosius tua michi munuscula pferens. detulit sit et suauissimas lras. q̃ a principio amicitiae: fide pba-

Nr. 31. Lindes angebliche Originaltypen der 42zeiligen Bibel. (Aus »Gutenberg«.)

 Von einem durch Bodmann bekannt gewordenen Notariatsinstrument vom 3. Juli 1453, vermöge dessen Hans Schuhmacher von Seligenstadt, Bruder und Diener des Klosters St. Clara, sich in dieses Kloster einpfründet, und in welchem Johann Gutenberg als Zeuge genannt wird, ist das Original nicht aufgefunden worden und gilt dasselbe als Fälschung.

 Nach Schaab soll ein Streit über den Vorrang in den öffentlichen Ceremonien, die bei Gelegenheit des feierlichen Einzuges des vom Erzbischof Conrad begleiteten »Kaisers Ruprecht« zu Mainz stattfanden, im Jahre 1420 aufs neue die Eifersucht der verschiedenen Stände erweckt und eine Auswanderung der alten Geschlechter hervorgerufen haben, wobei auch Gutenberg auswanderte. — Es liegen

Fragliche Auswanderung. Gutenbergs angebliches Eheversprechen.

wohl Nachrichten vor, dass eine solche Auswanderung 1411 stattfand, aber von 1420 erwähnt die Chronik nichts;[1]) insbesondere kann König (nicht Kaiser) Ruprecht nicht 1420 in Mainz einen feierlichen Einzug gehalten haben, da er schon 1410 gestorben ist.

Prof. Joh. Dan. Schöpflin erzählt 1760, Jakob Wencker, Custos des Strassburger Archivs und später öffentlicher Rath, habe ihn (1740) nach den Archiven im (Strassburger) Hof verständigt, dass Gutenberg zu Strassburg eine edle Elsässerin geheiratet, die Taxen der Stadt bezahlt und in eine Gesellschaft von Bürgern eingetreten sei, um geheime Künste zu üben.

Schöpflin benützte diese Mittheilung, um in verschiedenen Schriften die Nachricht von einer Urkunde zu verbreiten, nach welcher im Jahre 1437 ein Fräulein Anna zu der Eisernen Thür, die letzte ihres Geschlechts, welches zu den adeligen Geschlechtern des niederen Elsass gehörte, Gutenberg wegen eines Eheversprechens bei dem bischöflichen Gerichte verklagt habe, doch sei nicht bekannt, zu welchem Resultate dieser Process geführt habe. Als im Jahre 1761 Schöpflin von G. Meermann im Haag um eine Abschrift dieser Urkunde gedrängt wurde, musste er gestehen, dass sich jene Nachricht nur in einer Randglosse vorfinde. Aber

---

[1]) 1411 verlangte die Opposition der 18 Abgeordneten der Zünfte, dass alle, welche Lehen von Herren in Besitz hätten (und das waren wohl die meisten), aus dem Rathe treten sollten; sie wollte dadurch namentlich den Bürgermeister der Alten, Johann Schwalbach, nicht zu seinem Amte kommen lassen. Unter diesen Umständen wanderten 117 Angehörige der alten Geschlechter aus. Infolge der Vermittelung des Erzbischofs wurden die 18 Vertreter der Zünfte abgeschafft und die alten Sühnebriefe aufs neue bestätigt. Die Ausgewanderten kehrten, wie es scheint, nur zum Theil zurück, aber der Friede dauerte nur kurze Zeit. Die Zunftmeister kamen mit dem Rathe zu Mompaelier (dem Hause, in welchem die Vertreter der Gemeinde tagten) überein, dass die Ausgewanderten, welche in die Stadt zurückkehrten, zünftig werden sollten, und setzten durch, dass Abgeordnete der Zünfte bei Anlehen zugezogen und solche auch den Bürgermeistern bei ihrer Geschäftsführung an die Seite gesetzt werden sollten. Hierauf wanderte abermals die Mehrzahl der Alten 1413 in der Fasten aus. Am 18. April kam wieder ein Vergleich zu Stande. 1422. am 14. Juni, beschloss der Rath, dass aller Verkehr mit denen, die ihrer Bürgerschaft entsagt hatten, bei schwerer Strafe verboten wurde, auch wurden neue Steuern auferlegt.

Chroniken der deutschen Städte, Bd. XVIII, II, 75—77.

auch die angebliche Randglosse wurde nicht vorgelegt. Dr. van der Linde bemerkt dazu (Gutenberg, S. 34): »Mit dieser Urkunde wurde es also nichts, und darum halte ich einen angeblich aus dem Helbelingzoll abgeschriebenen Posten, dass diesen Zoll geben habe Ennel Gutenbergen, für eine, die nichtssagende Randbemerkung ergänzende Fälschung. Die Angabe findet sich nämlich „an einer anderen Stelle, jedoch ohne Jahr". So notierte man damals nicht, so gibt man keine Urkunden heraus, und auf Grund solcher jämmerlichen Acten dürfen wir Gutenberg weder kirchlich noch weltlich vermählen.« Linde hat Recht, es war sehr unklug von Prof. Schöpflin, seine Nachricht nicht mit einer regelrechten Urkunde zu belegen.

Fünf Jahre später, 1745, als der die Schätze der Stadt bergende Pfennigthurm abgetragen werden sollte, ging Schöpflin durch dessen Räume, betrachtete die Strassburger Fahnen und Standarten, die Wachstafeln, die mit der goldenen Bulle versehenen Charten und andere Alterthümer, welche er schon früher gesehen hatte, und kam in ein Zimmer, welches sonst selten aufgeschlossen wurde. Hier entdeckte er in einer langen Reihe die alten Protokolle des Senats, nämlich kleine Foliobücher, welche mit den Jahren bezeichnet waren. Heinrich Barth, damals Vorstand der Archive, entzog sie nun mit Schöpflin der Dunkelheit; beide prüften dieselben und Schöpflin machte sich daraus Auszüge. Doch kaum hatte er den Band von 1439 in die Hand genommen und die Handschrift aufgeschlagen, so sah er den Namen Gutenberg, und weiter lesend, fand er eine lange Reihe von Zeugen, die ihr Zeugnis über ein Gutenbergisches Geheimnis abgaben, welches die meisten von ihnen als die Buchdruckerkunst klar bezeichneten. Er scheint dabei ganz vergessen zu haben, dass er bereits 1740 von Wencker das Urtheil in dem Processe erhalten hatte, dessen Verhandlung er hier nun fand und an deren Ausgabe er nun fünfzehn Jahre arbeitete, denn erst 1760 erschienen diese Processacten in der Oeffentlichkeit.

In diesen Processacten fand van der Linde etwas Neues. Er sagt (Erfindung, S. 751): »Gutenbergs Einnahmsquelle ausser der ungenügenden Mainzer Leibrente war sein eigentliches Gewerbe, die Goldschmiedekunst. Ein Strassburger Goldschmied, Hanns Dünne, verdiente (nach seiner gerichtlichen Aussage) schon um 1436 allein mit dem, was zum Drucken gehört, an Gutenberg gegen hundert Gulden. Schon der Presbyter Theophilus handelt im XII. Jahrhundert von dem Werke, welches man mit Stempeln aufdruckt. Wenn also ein Goldschmied aus dem Zeitraum 1436—1439 wie von einer allbekannten Verrichtung vom Drucken redet, so sprach er von seinem Beruf heraus, z. B. vom Stanzendruck mit heissem Eisen. Die Goldschmiedekunst war im späteren Mittelalter eines der bedeutendsten Gewerbe, das Mechanik, Chemie und das ganze Gebiet der plastischen und graphischen Kunst in ihrer Anwendung auf die Metalle, entweder vereinzelt oder im Vereine mit Edelsteinen, umfasste.« Es ist bereits oben (S. 35) erwähnt worden, dass für die Annahme, Gutenberg sei ein Goldschmied gewesen, auch nicht der geringste Grund vorliegt, denn selbst angenommen, dass der Strassburger Goldschmied Hanns Dünne wirklich gelebt und bei Gutenberg für Sachen, welche zum Drucken gehören, wirklich hundert Gulden verdient habe, so erscheint dies wohl jedem normal denkenden Menschen als Beweis, dass Gutenberg nicht Goldschmied war, denn als Goldschmied hätte er seine Punzen selbst verfertigen können und sie nicht bei anderen Goldschmieden zu bestellen brauchen. Derselbe van der Linde, welcher die Aussage des Goldschmieds Dünne benützt, um Gutenberg als Goldschmied zu bezeichnen, hatte in seinem früheren Werke (Gutenberg) dieselbe Aussage des Dünne für eingeschoben und gefälscht erklärt. Dieser Widerspruch kümmerte indes unseren Forscher nicht, in seiner »Geschichte der Erfindung der Buchdruckkunst« erklärte er S. 749: »Indem wir der technischen Laufbahn dieses Mannes nachgehen, wollen wir schrittweise vorgehen, ohne irgend eine frühere „Ansicht" zu berücksichtigen. Auf diese[1]) methodische Rücksichtslosigkeit soll weder meine Costerlegende (1870), noch mein „Gutenberg" (1878) eine Ausnahme bilden. Ich sage wie Bismarck (Februar 1885 im Reichstage): „Es ist einerlei, was ich früher gesagt habe."«

Es ist selbstverständlich, dass von einem Manne mit solchen lockeren Grundsätzen eine gründliche Forschung nicht zu erwarten ist.

---
[1]) Wörtlich!

5. Mainz im XV. Jahrhundert.

Bevor ich auf das Leben des Mannes eingehe, welcher im dritten Abschnitt dieses Buches als Erfinder der Buchdruckerkunst genannt wurde, ist es nothwendig, die Zeitverhältnisse zu betrachten, unter denen diese entstand.[1]

Die Stadt Mainz, welche früher vom Erzbischof und seinen Räthen allein regiert wurde, hatte zuerst 1118 vom Erzbischof Adalbert I., dann 1244 vom Erzbischof Siegfried III. Freiheitsbriefe erhalten, welche ihr das Recht der Selbstverwaltung gaben. Die erbgesessenen Geschlechter (alten Geschlechter, Alten) wählten nunmehr einen Rath von 24 Mitgliedern, welche nach ihrem Tode durch Neuwahlen ersetzt wurden. Nur das Stadtgericht mit den vom Erzbischof ernannten Richtern, sowie die Münze, die herkömmlichen Zinse von den Gütern der Bürger, das Judenrecht und ähnliches verblieben als Reste erzbischöflicher Herrschaft.

Die Geschlechter hatten ausser dem Vorrechte, die Rathsstellen zu besetzen, noch andere Rechte: 1. sie waren lehenfähig, besassen Güter und Aemter vom Kaiser, vom Erzbischof und von auswärtigen Herren zu Lehen (Dienstrecht); 2. sie besassen den Handel in Tuch und Wolle (Gadenrecht), kein anderer durfte Wolle und Tuch schneiden und verkaufen als die Gadenbesitzer; 3. sie waren Geldwechsler (Hausgenossenrecht, d. h. Recht der Hausgenossen der Münze); der Münzherr war der Erzbischof, er hatte das Recht, Münzen zu schlagen und den Wert der Pfennige jährlich zu be-

---

[1] Vgl. Chroniken der deutschen Städte. Bd. XVII und XVIII. Von Prof. Hegel.

stimmen; die Hausgenossen lieferten das Silber zur Münze, besorgten den Geldwechsel und richteten über falsche Münze, welche dem Münzmeister verfiel; sie und ihre Angehörigen hatten einen privilegierten Gerichtsstand. Alle Geschlechter waren frei von den Zünften.

Familiennamen tauchten erst im XIII. Jahrhundert auf, wo sie durch die Bezeichnung *de* oder *dictus* sich kenntlich machten. Sie beziehen sich zumeist auf die Wohnhäuser oder Höfe, welche im Besitz der Familien waren, wechselten mit diesen oder mehrten sich, wenn verschiedene Familien sich von demselben Geschlechte abzweigten. Der gemeinsame Ursprung lässt sich dann nur an der Wappengemeinschaft erkennen, wie z. B. das Wappen der Löwen-

Nr. 32. Siegel des Frick Gensfleisch. (Nach Köhler.)   Nr. 33. Angebliches Siegel des Johann Gutenberg. (Nach Lempertz.)

häupter von sechs, das der Jagdhörner von acht Geschlechtern geführt wurde. Das Wappen des Geschlechtes der Gänsfleische war ein schreitender Mönch oder Pilger.

Neben den Geschlechtern waren die Handwerker sesshafte Bürger; niemand durfte ein Handwerk betreiben, der nicht einer Zunft angehörte. An der Verwaltung der Stadt hatten die Zunftmeister kein Antheil bis zum Jahre 1332.

In diesem Jahre war die Stadt in Geldnoth gerathen, weil sie einige ausser der Stadt gelegene Stifte zerstört hatte und vom Kaiser in die Acht, in eine Geldbusse und zum Wiederaufbauen der zerstörten Stifte verurtheilt worden war. Dies nöthigte den Rath, sich an die Zünfte um eine Beisteuer zu wenden, und die Zünfte, schon lange voll Neid auf die Vorrechte der Geschlechter, benützten diese Gelegenheit, sich die ersehnte Gleichstellung zu erringen. Sie wählten einen Ausschuss von 22 Mitgliedern, welcher es nach vielen Schwierigkeiten, wobei zeitweilig 129 Geschlechter die Stadt gemeinsam verliessen, durchsetzte, dass dem alten Rathe von 29 Mitgliedern ein gleichzähliger, alljährlich wechselnder seitens der Zünfte beigesellt wurde. Dieses Verhältnis dauerte bis 1411.

In diesem Jahre lehnten sich, wie bereits oben S. 97, Anmerkung, erwähnt, die Zünfte gegen ihren eigenen Rath auf und wählten 18 Abgeordnete, um ihre Forderungen, welche sich hauptsächlich um die Nutzungen der Almende (Gemeindegründe und -weiden) handelte, durchzusetzen, auch verlangten sie, dass alle Lehenbesitzer aus dem Rathe ausscheiden sollten, und schliesslich wollten sie den Geschlechtern die Stadtschuld aufbürden. Unter diesen Umständen zogen wieder 117 Angehörige der alten Geschlechter aus, worauf ein Vergleich erzielt wurde, doch kehrten die Alten nur zum Theil zurück.

Unter denen, welche damals Mainz verliessen, befanden sich aus dem Geschlechte der Gänsfleische: Friele zur Laden, Ortlieb zur Laden, Petermann zur Laden, Henne Gensfleisch, Peter, sein Sohn, Jäckel, sein Sohn (der Pastor), Georg, sein Sohn.

Im Jahre 1414, am 1. Februar, wurde ein Friedensvertrag mit den Zünften von Mainz unterschrieben; unter den Unterschriebenen befand sich Friele Gensfleisch, der eins mit dem oben genannten Friele zur Laden war.

Im Jahre 1429 wurde ein ungetheilter Rath von 35 Mitgliedern ohne Unterschied der Geschlechter und der Gemeinde gewählt, aber dieser hatte nur kurzen Bestand. Erzbischof Conrad III. brachte am 28. März 1430 einen Ausgleich (Rachtung) zu Stande, worin den Alten ihre hergebrachten Rechte an Münze und Gaden aufs Neue versichert und ein bestimmter Antheil an den Rathsstellen (12 unter 36) eingeräumt wurden. Auch sollten sie nicht zum Eintritt in die Zünfte genöthigt sein.

In dieser Rachtung werden mehrere Personen namentlich angeführt, so als in dieselbe aufgenommen Hermann Fürstenberg als »inländig« (derselbe wird 1420 als Hausgenosse genannt), Henchin zu Gudenberg als »nicht inländig« und Peter Gensefleisch, dagegen als ausgeschlossen Georg Gensefleisch. Alle in dieser Rachtung angeführten Personen kommen in dem Verzeichnis der 1411 Ausgewanderten vor.

Im Jahre 1437 erlangten die Geschlechter, dass der Rath zur Hälfte von den Geschlechtern, zur Hälfte von den Zünften gewählt wurde; dagegen bestand der Rath im Jahre 1444 ganz aus Handwerkern, darunter befand sich Clas Fust, der Goldschmied. In diesem Jahre wurde Dr. Humery Kanzler des Raths, der als entschiedenster Gegner der Geschlechter auftrat.

Welchen Ausgang dieser Streit der Zünfte gegen die Geschlechter genommen hat, ist unbekannt. Jedenfalls wurde ihm 1462 mit der Erstürmung von Mainz, auf welche die Vernichtung der bürgerlichen Freiheiten folgte, ein Ende gemacht.

Neben diesen Streitigkeiten bestand ein Hader zwischen Stadt und Geistlichkeit (nach Prof. Hegels Annahme zählte Mainz im XV. Jahrhundert etwa 1000 Bürger und 500 Geistliche). Im Jahre 1365 verbot der Rath, Erbe und Eigen, ewige Zinsen und Gülten an Kirchen oder Geistlichkeit zu vergeben oder zu verkaufen, und 1382 verlangte er, dass alle derlei Verträge rückgängig gemacht werden sollten. Die Geistlichkeit verband sich dagegen, und es wurde ein Interdict über Mainz verhängt; doch ist es unbekannt, wie lange dies dauerte.

Im Jahre 1433 reichte die Mainzer Geistlichkeit beim Baseler Concil eine Beschwerde ein, aus welcher hervorging, dass die alten Streitfragen noch immer auf demselben Flecke standen. Am meisten war die Geistlichkeit durch das Verbot des geistlichen Weinschankes entrüstet, auch wollte sie bezüglich des Gewerbebetriebes, sowie beim Handel mit den Bodenerzeugnissen nicht an die Ordnungen der Stadt gebunden sein. Das Baseler Concil entschied gegen die Bürger, und im Jahre 1435 kam ein Vergleich zu Stande. Im Jahre 1445 brach der Streit wieder aus, fiel jedoch für die Stadt so unglücklich aus, dass dieselbe im Jahre 1448 den Bankerott erklärte; sie wolle von ihren jährlichen Einkünften nur so viel zahlen, als sie entbehren könne, gegen drängende Gläubiger aber den Schutz des Erzbischofs anrufen. Doch gab es Gläubiger, welche darauf nicht eingingen; 1450 erwirkte das Domstift zu Speyer die Acht gegen Mainz wegen einer unbezahlten Geldforderung.

Der dritte und schlimmste Streit entstand durch die im Jahre 1459 erfolgte Wahl Dietrichs von Isenburg zum Erzbischof. Diese Wahl fiel in die Zeit, als Friedrich I. die kurfürstliche Regierung in der Pfalz statt seines Neffen Philipp an sich genommen hatte. Der neue Erzbischof musste sich dem Bündnis gegen den Pfalzgrafen anschliessen; er rückte 1460 mit dem Grafen Ludwig dem Schwarzen zu Veldez und dem Grafen von Leiningen gegen ihn ins Feld, wurde aber am 4. Juli bei Pfeddersheim bei Worms vollständig geschlagen. Hierauf schloss Dietrich mit seinem Gegner Frieden und ein enges Bündnis, zumal er sich mit dem Papste Pius II. entzweit hatte, weil er die Summe von 20650 Gulden für das Pallium (die päpstliche Bewilligung zur Annahme der Würde und deren Zeichen, das Pallium oder Binde) an die römische Curie nicht zahlen wollte; auch hatte er es mit dem Kaiser Friedrich III. verdorben. Der Papst setzte hierauf Dietrich ab und an seine Stelle den Grafen Adolf von Nassau zum Erzbischof ein. Jetzt warben Dietrich und Adolf um die Unterstützung der Stadt Mainz, welche sich Dietrich zuneigte. Am 30. Juni 1462 versetzte der mit Dietrich verbündete Pfalzgraf den Gegnern desselben einen fast vernichtenden Schlag und Mainz jubelte. Aber am 27. October desselben Jahres, für welchen Tag der Pfalzgraf mit dem Erzbischof Dietrich und dem Grafen von Katzenellenbogen eine Zusammenkunft in Mainz verabredet hatte, zu welcher der Pfalzgraf zufällig nicht eintraf, wurden des Nachts die Mauern von Mainz durch die Krieger Adolfs von Nassau erstiegen, die Bürger, welche sich den Eindringenden entgegenwarfen, geschlagen, die Stadt geplündert und theilweise in Brand gesteckt, am anderen Tage die Bürger aus der Stadt vertrieben und erst später wieder zugelassen.

Mit dieser Eroberung erlosch der Zwist der Geschlechter mit den Zünften sammt ihrer Ursache, der bürgerlichen Selbstverwaltung. Mainz wurde eine erzbischöfliche Landstadt, selbst viele Höfe verloren mit ihren Eigenthümern ihren Namen. Als nach dem Ableben Adolfs II. Dietrich zum Erzbischof wiedergewählt wurde, gab er der Stadt ihre Freiheiten nicht zurück, sondern überwies sie 1475 der

Herrschaft des Domcapitels, und als die Bürger sich 1476 dagegen auflehnten, unterwarf er sie und behielt nun die Stadt für sich. Kaiser Maximilian erkannte bei seiner Wahl zum römischen König 1486 die Herrschaft des Erzbischofs ohne Vorbehalt an.

Diese kurze Darstellung der Mainzer Wirren im XV. Jahrhundert beweist, wie wenig richtig die Meinung derjenigen ist, welche glauben, dass alles so kommen musste, wie es gekommen ist. Inmitten eines Streites, an dem seine Familie in vorderster Reihe betheiligt war, dem er selbst vermöge seiner Stellung nicht ferne bleiben konnte, versenkte sich Johann Gänsfleisch-Gutenberg in die Erfindung einer Kunst des Friedens, der Wissenschaft. Fast scheint es, als habe er in dieser Beschäftigung Trost und Erholung inmitten der Aergernisse gesucht, welche die Ereignisse des Tages ihm bereiten mussten. Wie die Dichtkunst in trüben Tagen den Geist in reinere Höhen des Gedachten und Ersehnten erhebt, wie Friedrich Schiller im Getöse der Waffen und in Deutschlands Erniedrigung die herrlichsten Gesänge von Menschenliebe und Geistesfreiheit schuf, so bildete der Erfinder der Buchdruckerkunst mitten im widrigsten Streite jenes wunderbare Werkzeug, welches eine Burg der Vernunft, der Gesittung und des Wissens erbauen sollte.

Der Name Gänsfleisch-Gutenberg hängt mit zwei Höfen zusammen. Der Hof zum Gänsfleisch war im Jahre 1332 im Besitz der Familie. Bei der Untersuchung wegen der Unruhen sagte Wentze Schop auf seinen Eid: »Da ging ich zur Stunde mit Spierers Knechten in Herrn Frielens Hof zum Gensfleisch und fand da Herrn Frielen und seine Kinder, Spierer und einen Schuller (Schullehrer oder Schüler) gewappnet sitzen und hatte jeder seinen Helm vor sich stehen.« Später ist der Hof in fremde Hände übergegangen, sei es durch Aussterben des Mannsstammes der ersten Linie oder durch Verkauf; im Jahre 1420 war er im Besitz des Peter Silberberg, welcher 1429 Rathsherr und Schatzmeister war, im selben Jahre zum Bürgermeister gewählt wurde, dagegen 1445 das ihm angebotene Rathsamt ablehnte.

Der Hof zum Gutenberg war Judenerbe und scheint im Besitz der Familie Zum Jungen (siehe S. 64) gewesen zu sein. Wer ihn im XV. Jahrhundert bewohnte, ist nicht bekannt; Glieder der zweiten und dritten Linie der Gänsfleisch führen den Namen, und zwar nach der Meinung des Archivars Freiherrn Schenk von Schweinsberg nach diesem Hofe, der sich somit im Besitz der Familie befunden haben muss. Wimpfeling sagt: *Joannis Gensfleisch, ex senio coeci, in domo Boni Montis (in qua hodie est collegium Juristarum) ea ars completa et consummata fuit: in laudem Germanorum sempiternam* (siehe oben S. 89). Schaab meint, dass der Hof wahrscheinlich vom Kurfürsten Dietrich erworben und der neugestifteten Universität bei ihrer Gründung im Jahre 1477 übergeben worden sei.

Was die Lebensverhältnisse betrifft, so war es bei den Familien üblich, ihr Vermögen in Leibrenten anzulegen; sie bezogen für eine Summe von 200—300 Gulden jährlich 20—26 Gulden Rente. Der Gulden hatte 27 Schilling, 1 Pfund 20 Schilling, 1 Schilling 12 Heller; der Wert war nicht gleich: 1436 galt der Gulden 27 Schilling = 1 Pfund 7 Schilling, 1440 28 Schilling, 1441 28 Schilling 6 Heller. Der rheinische Gulden von 1425—1454 hatte 19 Karat Feingold = 7 Mark 11 Pfennige heutigen Geldes. 1 Riess Papier kostete 2 Pfund, 9 Häute Pergament in die Kanzlei 1 Pfund 7 Schilling; ein Schwein kostete 2½ Gulden, 1 Sack Kohlen 5 Schilling 4 Heller. Ein Festessen für den Bürgermeister kostete 4 Pfund, der Rentmeister erhielt vierteljährlich 4 Gulden, der Stadtschreiber im Halbjahr 32 Gulden. Dr. Humery erhielt in der ersten Woche 8 Gulden, in den folgenden 4, d. i. jährlich 208 Gulden. Der Wert des Geldes war somit gegen jetzt wenigstens um das Dreissigfache niedriger.

6. Die Familie Gänsfleisch.

Die im dritten Abschnitte dieses Buches zusammengestellten Nachrichten über den Erfinder der Buchdruckerkunst stimmen darin überein, dass derselbe die Namen Johann Gänsfleisch und Johann Gutenberg trug. Beide Namen finden sich bei Gliedern der Familie Gänsfleisch vor, und es ist daher von Wichtigkeit, die Verzweigung dieser Familie kennen zu lernen.

Der beiliegende Stammbaum stimmt im wesentlichen mit jenen Stammbäumen überein, welche von Prof. Köhler (1741), von Schaab (1830) und neuerdings von dem Archivar Freiherrn Schenk von Schweinsberg (im XIV. Bande des »Archivs für hessische Geschichte«) veröffentlicht worden sind; die den Jahreszahlen beigefügten römischen Ziffern verweisen auf die von Schaab zusammengestellten Urkunden, welche im II. Bande seiner »Geschichte der Buchdruckerkunst« nachgesehen werden können.

Als ersten Gänsfleisch (gewöhnlich nach mittelhochdeutscher Weise Gensfleisch, Gensfleiss geschrieben) nennt Schaab einen Herbord, genannt Gensfleisch, der in einer Urkunde vom Jahre 1294 vorkommt, über dessen verwandtschaftliche Beziehungen jedoch nichts vorliegt. Hierauf folgt Friele (Friedrich) zum Gensfleisch, welcher an den Mainzer Ereignissen einen hervorragenden Antheil nahm, denn Kaiser Ludwig verurtheilte zu Frankfurt am Main 1332 die Bürger zu Mainz und namentlich den Ritter Friele Gensfleisch in die Reichsacht und zur Zahlung von 1000 Mark Silber wegen der Zerstörung einiger Stiftshöfe in und ausser der Stadt Mainz; in demselben Jahre traf Friele als Mitglied des Raths eine Uebereinkunft mit dem aus den Zünften gewählten Ausschusse, in dem unmittelbar darauffolgenden Aufruhr bot sein Hof »Zum Gensfleisch« mehreren Bürgern Schutz. Nach dem Aufruhr zogen seine Söhne Henne (Johann) und Peter mit 127 Mitgliedern der Geschlechter aus der Stadt, und die Ausgewanderten beschwerten sich unter anderem darüber, dass der Hof zum Gänsfleisch geplündert und dem Friele Kühe und Schweine weggenommen worden seien; doch kommt Friele noch 1339—1348 als Rathsherr vor, erst im Jahre 1358 wird Niklas (Nikolaus) Frieles sel. Sohn genannt, war also Friele todt. Ausser den drei oben genannten Söhnen Johann, Peter und Niklas hatte Friele eine Tochter Clara, welche in einer Urkunde vom Jahre 1342 als eine Nonne zu Dalheim vorkommt und Friele zu Gensfleischs Tochter genannt wird. Dagegen dürfte die in einer Urkunde vom Jahre 1363 genannte Grete (Margarete), Tochter des Friele zum Gensfleisch und Frau des Heinz (Heinrich) zum Jungen, die Tochter eines jüngeren Friele gewesen sein, denn ihr Vater wird nicht »der selige«, sondern »der ehrbare« genannt, und 1363 war Friele der Aeltere todt, es hätte also, wenn die Stelle ihn beträfe, »der selige« heissen müssen.

Nach diesen Urkunden sind von dem ersten Friele drei Linien ausgegangen, deren erste Johann, deren zweite Peter, und deren dritte Niklas begründeten.

Der Begründer der ersten Linie ist der 1332 zuerst genannte Henne, welcher mit seinem Bruder Peter und 127 Genossen Mainz verliess; der dritte Bruder Niklas scheint damals noch sehr jung gewesen und mit dem Vater in Mainz geblieben zu sein. Als Kinder des Johann werden in zwei Urkunden vom Jahre 1337 Katharina, Tochter des Johann, des Sohnes von Friele Gensfleisch, und Friele, Sohn des Johann, eines Sohnes von Friele Gensfleisch, genannt. Letzterer dürfte der Vater der Grete, Frau des Heinz zum Jungen, gewesen sein. Ein Sohn dieses Friele war wohl Peter zum Gensfleisch, 1368 Baumeister zu Mainz und 1370 verehelicht mit Agnes zum Jungen, die jedoch nicht lange lebte, denn 1382 erscheint eine Grete, Witwe des Peter zum Gensfleisch, unter den Gläubigern der Stadt Wetzlar. Dieser Peter, Sohn des Friele, ist mit dem gleichnamigen

Peter, Sohn des älteren Friele, verwechselt worden, aber letzterer war bereits 1359, wo sein Sohn Friele als Erbe seiner Frankfurter Gülte genannt wird, todt. Man muss also den Peter der ersten Linie und den der zweiten Linie auseinanderhalten. Der Peter der ersten Linie war 1382 todt, nachdem er 1379 von seinem Sohne Friele Gensfleisch, Capitular des Liebfrauenstiftes, nebst seinem anderen Sohne, Peter, Capitular des St. Stefansstiftes, zum Testamentsvollstrecker ernannt worden war. (Gehörte dieser Capitular Friele der ersten Linie an, so war er nicht, wie Schaab annimmt, ein Bruder des Friele zum Gensfleisch, Sohn des Peter, welcher der zweiten Linie angehörte, und somit löst sich der Widerspruch bei Schaab, welcher zwei Friele, einen geistlichen und einen weltlichen, als Brüder aufführt.) Ein dritter Sohn Peters (neben den beiden Geistlichen) war Johann Gensfleisch der Alte, dem seine Mutter Grete, Herrn Petermanns sel. Witwe, 1389 mehrere Feldgüter und Gülten, sowie ein Leibgedinge für dessen Tochter Grete übertrug; als Zeuge kommt Johann, Sohn des sel. Niklas Gensfleisch (siehe die dritte Linie) vor. Johann Gensfleisch der Alte wurde von seinem Bruder Friele, dem oben erwähnten Capitular, 1398 zu seinem Testamentsvollstrecker ernannt, wonach dieser also nach dem Tode seines Vaters nochmals ein Testament machte (insoferne diese Urkunden richtig sind, denn es ist auffallend, dass dieses Testament 20 Jahre nach dem früheren gemacht wurde). Johann heisst in einer 1391 vidimierten Urkunde von 1389 Johann Berwolffs Eidam; er dürfte ausser der erwähnten Tochter Grete noch Söhne gehabt haben, denn 1421 wird unter den Mainzer Hausgenossen ein Michel (Michael) Gensfleisch genannt, dessen Eltern nicht bekannt sind, der sich aber kaum den beiden anderen Linien anreihen lässt. Nach dem Rechte der Erstgeburt musste der Hof zum Gensfleisch der ersten Linie angehören, er befand sich jedoch 1420 im Besitz eines Peter Silberberg;[1]) dies könnte

---

[1]) 1421 war Peter Silberberg der Junge Hausgenosse; 1429 war ein Peter Silberberg Rathsherr, er war einer der alten Geschlechter; 1445 lehnte Peter Silberberg das ihm angebotene Rathsamt ab; im Jahre 1462 werden unter den Geschlechtern aufgeführt: die zum Waltpoten oder die zum Silberberg (Waltpote bedeutete etwa Polizeihauptmann).

Familie Gänsfleisch, zweite Linie.

darauf hinweisen, dass die erste Linie ausgestorben war, aber in diesem Falle konnte der Hof auch an die anderen Linien übergehen, und so bleibt der Uebergang an ein fremdes Geschlecht unerklärt. Die zweite Linie begründete Peter zum Gensfleisch, welcher 1332 als Bruder des Johann genannt wird; er kommt 1356 als Schöffe von Mainz vor und war 1359 todt, denn in diesem Jahre bestätigte sein Sohn Friele, Bürger zu Mainz, Gülten der Stadt Frankfurt, welche er von seinem Vater Peter ererbt habe. Im Jahre 1366 bestätigten Friele und seine Ehefrau Grete abermals, diese Gülte empfangen zu haben; nach Köhler war an der ersten Urkunde ein Siegel mit der Umschrift: S.FRILO.DICTI.KAFIT.CIWIS.MAGUN., an der zweiten eines mit der Umschrift: S. FRILO DĒS ZV DEM ESELWEKE, beide mit dem Gänsfleisch-Wappen, einem Pilger oder Mönch mit einer Schale und einem Stabe. Im Jahre 1372 war dieser Friele todt, denn seine Witwe Grete zur Laden bestätigt, eine Gülte erhalten zu haben, von welcher ein Theil als Leibgeding auf Katharina und Johann, ihre Kinder, stehen. 1376 bestätigt Peter Lindenfels, genannt Schlüssel, 12½ Gulden für seine Frau Katharina, Gretens Tochter, erhalten zu haben. 1418 verlobte sich Dietrich, Sohn des sel. Peter Schlüssel, mit Liebichen, Tochter des Jakob Hirsch, wobei als Zeuge Friele Gensfleisch vorkommt, welcher 1400 Gretens Sohn, 1407 Bruder der Katharina genannt wird, also ein zweiter Sohn Frieles war. Der ältere Bruder Johann war 1419 todt, denn in diesem Jahre bestätigte Hennechin, Henne Gensfleischs sel. Witwe, genannt zur Laden, von der Stadt Frankfurt 39 Gulden Leibgedinge erhalten zu haben. 1410 bestätigt Katharina, Peter Schlüssels sel. Witwe, 25 Gulden von der Stadt Frankfurt erhalten zu haben, welche Bestätigung von einem anderen Bruder, Ortlieb, besiegelt ist. Als vierter Sohn Frielens tritt 1413 ein Peter auf, dessen Tochter Grete, wohnhaft im Hause zum Lenfriede, das ihrem Vater, Frieles sel. Sohne zum Genseflesse gehörte, eine Bestätigung gibt, welche ihr Vater als Zeuge besiegelte. Schaab bemerkte dazu: »Peter Gensfleisch lebte also noch 1413!« Doch kann dieser Peter weder der 1359, noch der 1382 Verstorbene sein, sondern nur jener Petermann zur Laden, welcher mit Friele zur Laden, Ortlieb zur Laden, Henchin

Familie Gänsfleisch, zweite Linie.　　　III

zur Laden und Dietrich zur Laden (d. i. der Sohn des Peter Schlüssel) 1411 Mainz verliess, 1421 als Hausgenosse vorkommt, und dessen Grabstein vom Jahre 1463 nach Schaab noch vorhanden sein soll. Neben diesen fünf Geschwistern kommt noch ein Capitular des St. Stefansstiftes, Friele zur Laden, vor, welcher unmöglich eins mit jenem Friele sein kann, welcher Katharinens Bruder genannt wird, denn dieser war vermählt. Noch sonderbarer wird dieser Capitular dadurch, dass es in einer Urkunde (einem auf Pergament geschriebenen Kalender des Agnesenklosters zu Mainz aus dem Nachlasse Bodmanns) heisst:

XVIII Kalend. May Anno domini MCCCCLXVI obiit dominus frilo Ginsfleyss zu der Laden canonicus sancti Stephani magunt. etc.	Am 18. Mai im Jahre des Herrn 1466 starb Herr Friedrich Gänsfleisch zu der Laden, Canonicus des St. Stefansstiftes zu Mainz etc.

während die Inschrift auf einem Grabsteine lautet:

Anno domini M.CCCC.LX.XIII. die . mensis . aprilis . obiit . uenerabilis dominus . Frielo Gensfleis, canonicus hujus ecclesie. Amen.	Im Jahre des Herrn 1460, am 13. April, starb der hochwürdige Herr Friedrich Gänsfleisch, Canonicus dieser Kirche. Amen.

Da der Grabstein den Namen »zur Laden« nicht hat, Urkunden aus Bodmanns Nachlass aber verdächtig sind, so ist dem Grabsteine mehr als der Eintragung im Kalender zu glauben und der Canonicus Friele einer anderen Linie (vielleicht der ersten) zuzuschreiben.

Der weltliche Friele zur Laden hatte eine Ehefrau, Else (Elisabeth) zu Gudenberg, welche für die Geschichte der Buchdruckerkunst wichtig geworden ist. Köhler, welcher zuerst die sie betreffende Urkunde veröffentlichte, nennt sie Else Wyrichin zu Gutenberg, ohne anzugeben, weshalb sie den Namen Wyrich führe. Schaab gab bereits seiner Verwunderung darüber Ausdruck. Freiherr Schenk von Schweinsberg liess durch van der Linde (S. 944) veröffentlichen: »Meine kleine Studie über die Genealogie des Johann Gutenberg wird in einigen Wochen im XV. Bande des „Archivs zur hessischen Geschichts- und Alterthumskunde" erscheinen. Gutenberg war, wie Köhler richtig publiziert hat, ein Sohn der Else Wyrich, einer Tochter des Werner Wyrich zu Mainz. Derselbe ist nichtpatrizischen Ursprungs. Die

Gattin des Wyrich war aus erster Ehe die Mutter des Mainzer Richters Beheimer.[1] der also Stiefonkel des Erfinders war. Gutenbergs Mutter heisst schon nach dem Hofe Gutenberg an der Christophskirche, der zur Hälfte in Zum Jungenschen Händen, wie bekannt, war. Dieser Hof ist Judenerbe, also erst später, nach der grossen Judenschlacht, in patrizische Hände gekommen.«

Leider ist die versprochene Arbeit noch nicht erschienen, der Archivar Freiherr von Schenk liess sogar den Dr. van der Linde im Stich, welcher, gewohnt, sich mit fremden Federn zu schmücken, einen Stammbaum Gutenbergs versprochen und, auf eine seinem Irrthum entsprechende Darlegung rechnend, meine richtigen Bemerkungen als falsch verspottet hatte. Was übrigens Freiherr von Schenk über das Judenerbe sagt, ist nicht neu, sondern nur eine Wiederholung der Köhlerschen Urkunde Y (siehe oben S. 64). Ueber den Gemahl der Else von Gutenberg, Friele Gensfleisch, wissen wir, dass er 1411 als Friele zur Laden unter den Ausgezogenen genannt wird; am 1. Februar 1414 schlossen Johann von der Eiche, Johann zum Jungen, genannt der lange Henne, Reinhold Lichtenstein, Klas Dalin, Hermann Wiedenhof, Arnold zum Geldhuss, Rüdiger von Landeck, Klas Riese und Friele Gensfleisch einen Vertrag mit dem Rathe, 1421 war Friele Gensfleisch Hausgenosse, 1425 muss er todt gewesen sein, denn in diesem Jahre vermiethet Elschen zu Gudenberg dem Tuchscherer Emerich Rassbach ein Haus zu der kleinen Stegen, Zeugen waren: Peter Fisse und Jakob Russe. Friele hinterliess zwei Söhne: Friele und Johann. Dieser jüngere Friele muss es sein, welcher (wenn die von dem Strassburger Archivar Brucker aufgefundene Quittung echt ist) 1429 bekennt, von der Stadt Strassburg 26 Gulden Leibrente erhalten zu haben. 1430 trifft Else zu Gutenberg mit der Stadt Mainz ein Uebereinkommen, dass man ihr von dem Leibgedinge von 13[2] Gulden, welches Katharina, die Tochter des Kunz Schwarz von Delkelnheim auf Lebtag Hennes, Frieles sel. Sohne, gekauft hatte, nicht mehr als 7 Gulden gebe und sie die übrigen

---

[1] So schreibt Linde, es soll heissen: Leheimer!
[2] So schreibt Köhler, es muss aber 14 heissen.

7 Gulden nach dem Tode Hennes, ihres Sohnes, stehen lasse. 1431 erklärt Friele, Frieles sel. Sohn, 10 Gulden Leibgeding halb bei Leben und halb bei Tode stehen zu lassen, und seine Frau, Elschin, Jakob Hirschs Tochter, erklärt dasselbe bezüglich ihres Leibgedings von 20 Gulden. 1430 kommt Friele Gensfleisch mit dem Beinamen »zum Gudenberg« vor, als er eine Scheuer und ein Häuschen, welches vor Zeiten Jakob Hirsch gehörte, dem Schreiber Johann Imgrase vergiftete (vorausgesetzt, dass diese Urkunde aus der Bodmannschen Sammlung echt ist). 1434 ist man mit Henchin Gudenberg, Frielen Gensfleisch sel. Sohne, übereingekommen, dass ihm von den 14 Gulden, welche auf Friele, seinen Bruder, wohnhaft zu Eltville, stehen, nicht mehr als 12 Gulden gegeben werden.

Bezüglich der dritten Linie liegt eine Urkunde vom Jahre 1358 vor, wonach Klas, Herrn Frieles sel. Sohn, zum Gensfleisch, seinen dritten Bann auf vor Mainz gelegene Weingärten, sowie auf den Gaden, der neben dem Gaden Petermanns, seines Bruders, lag, gewonnen hat, letzteren zu einem Pfund Mainzer Geldes, welches er von dem Junker Dietrich von Gudenberg zu Lehen hatte; 1377 kommt Niklas als Schöffe von Mainz vor. 1389 war er todt, denn in diesem Jahre wird Johann des Niklas sel. Sohn genannt, und im folgenden Jahre verpfändet Jakob von Rüdesheim an Johann Gensfleisch, Bürger zu Mainz, an dessen Ehefrau Eva und ihre Kinder Klas, Henne und Gude, Rudolf von Landecks Ehefrau wegen der 300 Gulden, welche Klas Gensfleisch, Hennes Vater, seinem sel. Vater Wilhelm von Rüdesheim gegeben, seinen dritten Theil an den Zehenten von Oppenheim. Freiherr von Schenk hält diesen Johann Gensfleisch für eins mit Henne Gudenberg, welcher als Zeuge auf einem Verzichtsbriefe vom Jahre 1392 vorkommt, im Gegensatz zu Schaab, der diese Urkunde in der Sacristei der St. Christophs-Pfarrkirche auffand, aber, von dem Vorurtheil beherrscht, der Name Gutenberg könne nur in der zweiten Stammlinie vorkommen und Else von Gudenberg sei eine hinterlassene Tochter Dietrichs von Gutenberg, mit diesem Henne Gutenberg gar nichts anzufangen wusste. 1395 war Henne, der zweitgenannte Sohn Hennes, todt, denn Klas (Nikolaus) Gensfleisch (sein älterer Bruder) bekennt für sich und seines Bruders Henne Gensfleisch Sohn Rudolf, dass er sich mit seinem Schwager Rudolf von Landeck (wahrscheinlich über die Erbschaft von Johann, Evas Ehemann) verglichen habe. 1401 war auch dieser Niklas todt, denn der Graf Adolf von Nassau und Dietz verleiht Johann Gensfleisch dem Jungen zu Mainz mehrere Lehen, wie sie vorher Niklas von Gudenberg, sein Vater und seine Voreltern gehabt haben.[1]) Es ist somit dieser Niklas Gens-

---

[1]) Lehenbrief Graf Adolfs von Nassau und Dietz.

Wir Aylff Graue zu Nassawe vnnd zu Dietzsche veriehen und bekennen vns Inne dissem offin briue, vor vns vnd alle vnsser erben, vnd tun kunt allen den, die in ansehent oder horent lesen, daz wir von besundern gnaden vnd gunsten dem bescheyden mane Johann Ge*n*ßfleiß von Mentze, dem Jungen, vnnd seinen Lehens Erben zu manlehen geben han, vnd lihen mit Crafft diß Brieffs Soliche Lehen gude vnd gülte, als Clas von Gudenberg seligen sin Vater, vnd sin Aldern, von Vns vnd vnsern Vorfarn grafen zu Ditzsch, zu Lehen gehabt hant, mit allen sachen, wie hernach geschriben stet.

Item zum ersten den Kirchsatze und pastorie zu Mettenheim, mit dem Zehenden an Weyn vnd ane Früchte in der Gemarcken daselbis.

Item vier Molen wasser off dem Ryne, oben ane der stat zu Mentze, an mitte off die Kodenbach, mit allen yren rechten vnd Zugehorungen.

Item die Fryenbach in der Geraw in Astheimer marckt.

Item die Vogtie zu Astheym, vnd in der gemarcken daselbis, mit aller yr zugehorung.

Item drittenhalben morgen wingarten In Hexheymer Berge vnden an hr'n Schillings Rittern, Wingarten.

Item Anderhalben morgen Wingarten, die da stoßent vnder dem Rodenberg an Frölich zu Hexheim.

Item Ses vnd zweintzig punt vnd ses Schilling heller geldes in dem Dorff vnd gemarcke zu Hexheym, jerlicher gulte, von allen den guden die da gelegen sint. Vnd den Zehenden von ein vnd zweintzig Morgen Ackers, vnd einem Morgen Wingarten gelegen an der Ketzergruben by Mentze.

Vnd darzu han wir Ym geluwen, vnd lihen eme mit crafft dieß briefs alles das, das der vorgenant Clas selige sin Vater, vnd sine Aldern von vns vnd vnsern Vorfarn grauen zu Dietze zu Lehen gehabt hant, unst nit davon vßgeschaiden wan das Binger Martschiff, daz han wir Heinrichen von Staffeln geluwen.

Darumb so heisen vnd gebietten wir Aylff Graue zu Nassaw vnd zu Dietz obg*ena*nnt allermenlichs, die solich Lehengulde oder gude, oder wie man daz nennen mochte, itzunt innehant, oder hernach werden haben, vestiglichen mit Crafft diß briefs, daz sie den egen*a*n*n*ten Johann Genßfleiß vnd den sinen mit solchen Lehen guden vnd gulten, odir wie man das nennen mag, oder noch erfunden mochte, zu allerzyt als daz fallende ist, getrwlich · · · reichen · · · als dauor geschriben stet.

fleisch eins mit jenem Niklas von Gutenberg, welcher 1399 seine Frau Katharina von Scharfenstein mit Bewilligung des Kurfürsten Johann von Mainz mit den Gütern und Zehenten zu Beimburg und Saremsheim bewittumte, welche er von dem Mainzer Erzstift zu Lehen hatte. Henne Gensfleisch der Junge vergiftet 1409 dem Hermann zu Fürstenberg zwei Mark Gülte auf das Haus zum Schildknecht, welche ihm von seinem Vater Niklas Gensfleisch und seiner Mutter verfallen seien, und verlässt 1411 mit seinen Söhnen Peter, Jeckel (Jakob) dem Pastor und Georg Mainz. In die Rachtung des Erzbischofs Konrad III. zu Mainz 1430 wurden »Henne Hircz, Henchin zu Gudenberg, Ort Rudolfs selgen son zur Eich, Heincz Reyse, die iczunt nit inlendig sint, Peter Gensefleisch, die bei den alden zu dirre zeit nit gewest sind«, auch Hermann Fürstenberg, obwohl derselbe inländig war,[1] aufgenommen, dagegen Georg Gensefleisch von derselben ausgeschlossen. Da alle hier Genannten sich unter denen befanden, welche 1411 auszogen, so kann Henchin zu Gudenberg niemand anderer gewesen sein als jener Johann Gensfleisch, welcher 1411 mit seinen Söhnen Peter, Jakob dem Pastor und Georg auszog; Peter wurde in die Rachtung aufgenommen, Georg ausgeschlossen, Jakob der Pastor wird nicht erwähnt, wahrscheinlich schützte ihn schon sein geistlicher Stand. 1432 war Johann todt, denn in diesem Jahre schliesst Junker Gottfried, Herr zu Eppenstein, mit Peter Gensfleisch zum Selgenloch (Sorgenloch) einen Vergleich

---

Vnd sollen vnd wollen wir vnd vnser erben den Egenanden Johann vnd sins Lehens erben by allen dißen vorbenanten Lehen güttern vnd gefellen, oder wie man daz nennen mag, gerwlichen bliben lassen, vnd darby vestiglichen hanthaben, behalten, schüzen, vnd schirmen, vnd darzu getrwlichen vß vnsern Kosten helffen vnd vßdragen, daz Ime vnd sinen Lehenserben von allermenlichen soliche sachen gehalten vnd geantwurt werden. In aller Wyss als dauor geschryben stet, one alle geuerde.

Vnd daz alles diß vorgeschryben puncte vnd artickel von vns vnd vnsern nachkommenden vnd erben Stede vnd veste verliben vnd gehalden werden, So han Wyr Aylff graue zu Nassawe vnd zu Dietz vnser eigen Ingesiegel vnden an dissen Brieff dun hencken, der gegeben ist In dem Jare da man zalte nach gottes geburtte dusent vierhundert vnd eyn Jare, off den Sampstag nach sant Niclas dag des heiligen Bischoffs. Köhler, Lit. Ff., S. 74. »aus dem Original«.

[1] Hermann Fürstenberg kommt 1421 als Hausgenosse vor.

116   Johann von Sorgenloch.

über die von diesem beanspruchten Lehengüter und Gefälle zu Hexheim, vor der Stadt Mainz, zu Astheim und anderswo, sowie die seinen Bruder Georg betreffenden; in dem Lehensrevers vom Jahre 1435 spricht Peter Gensfleisch von seinem »seligen Vater«. 1452 ist dieser Peter todt, denn in diesem Jahre gibt Gottfried Herr von Eppstein dem Jakob von Selgenloch, Peter Genssfleiss sel. Sohne, den Kirchensatz und die Pastorei zu Mettenheim zum rechten Mannlehen der Grafschaft von Dietz. Ausser diesem Jakob kommt 1432 Katharina, Peter Gensfleischs Tochter, als Frau des Henne Adolf zum Jungen Aben vor. Der vorgenannte Kirchensatz und die Pastorei zu Mettenheim, welche bereits in dem Lehenbriefe des Grafen Adolf von Nassau und Dietz vorkamen, waren schon vorher, 1442, von demselben Gottfried Herrn von Eppstein dem Henne von Sorgenloch dem Jungen, genannt Gensfleisch, Georgs sel. Sohne, verliehen worden. Dieser war 1452 nicht todt, denn nach den Aufzeichnungen des Nikolaus Jostenhofer zu Schenkenberg hatte dieser 1437 dessen Tochter Katharina geheirathet, von dieser bis 1449 sieben Kinder erhalten und war 1467 gestorben.¹) (Bedenklich ist in diesen Auf-

¹) »It. Henne Gynßfleiß vnd Kettgen myn dochter gewonnen zu Hauss da man zalte nach Cristus gebort MCCCC vnd sieben vnd drissig Jar of den dynstag nach sant Agnesen dag, in dem Zeichen des Leben. It. Mychel ir son wart geborn off sant Mychels dag zu X uwern, hub der dechen zum dum h. Peter Echter in dem XXXIX. It. Johannes ir son wart geboren XIIII. dage in dy Fast off den Mytwachen anno LXII starb yn eynen Jar uvern. It. Ketgin ir dochter wart geborn off mytwach zu abent uwern nach dyemst Kirwey anno XLII. It. Hans ir son wart geborn achtage in dem Mertze off eynen sondag vor sant Gregorien-Tag anno LXIIII hub Peter Erckel Senger zu sante Peter. It. Clais ir son wart geborn off den dynstag nach den zwölfften dag nach XII uwern yn dem anno XLVI. hub der Perrer zu sant Katharine zu Oppenheym des eyllfte dag in dem hartmond (Februario) lebt eyn halb Jar. It. Margarete, wart geborn den ersten dag in dem Appril anno XLVII Jar, off dinstag nach vnser lieben Frauwen dag, beklibe, hub die Kudelsen zu Oppenheyn, starb off reminiscere anno XLVIII. It. Henne wart geborn anno XLVjjjj off sant Bartholmey Abent.« Auf der folgenden Seite wurde mit einer andern Hand geschrieben: »It. ist der ersame mann Henne Ginßfleysch van todes wegen abgangen vff den dinstag vor sant Michels tag in dem LXVII Jahr. It. ist dodes halber abgangen die ersame und erber Frauwe Katherina Gostenhoffern, Johann van Sorgenloch genant Ginßfleisch verlaßen Witbe, vf mondag nach sant Vrbanen tag, anno XVC druwe Jar, der Got gnedig und barmhertzig sin wolle.«   Köhler, a. a. O. S. 86/7.

zeichnungen allerdings, dass die Frau Katharina im Jahre 1442 zweimal geboren habe.) Johann von Sorgenloch kommt in Urkunden von 1458, 1459, 1465, 1467, 1477, 1482, 1484, 1496 vor, was sich nur daraus erklären lässt, dass nach 1467 der Sohn Hans gemeint ist. Die hier erwähnten Nassau-Dietzschen Lehen blieben bei der Familie Sorgenloch und wurden noch 1517 von Michel von Sorgenloch als Lehen angesprochen.[1]) Jakob von Sorgenloch war mit Else zu Bechtermünze verehelicht, sein Grabstein trägt die Jahreszahl 1478.

Ausser den hier Genannten kommen in den Urkunden noch verschiedene Johann Gensfleisch vor, welche jedoch, weil bei ihnen keine Abstammung angegeben ist, hier nicht in Betracht kommen konnten; am wenigsten ist es zulässig, gleich Schaab, dem Peter von Sorgenloch einen Bruder Johann zur Seite zu geben, da diese Bruderschaft nicht erwiesen ist.

Manches in den Urkunden bleibt unklar. So soll Johann von Sorgenloch am 11. November 1467 sein Gut zu Bodenheim verpfändet haben, nachdem er am Dienstag vor St. Michelstag (27. September) gestorben war; sollten hier Vater und Sohn gemeint sein? Nach einer Urkunde vom Jahre 1448 vergiftet der Schneider Hans Winterkasten dem Henne Gensfleisch dem Alten sein Haus und Erbe, genannt

---

[1]) Memorial Michels von Sorgenloch an Gotfrieden Herrn zu Eppstein umb die Sorgenlochischen Lehen A. 1517 *ex eiusdem* Copialbuch *inter documenta familiae* zum Jungen.

Wohlgeborner gned. Herr Ew. Gnad. seyn myn vndertenig schuldig vnnd willig dinst mit flyß allezeit zuuor un bereyt, So als myn vorültern die von Sorgenloch gnt. Gensfleysz etlich stück, je byberürter copien bestimt, von E. g. vorältern vnd vorfarn den Grauen vnd der Graueschafft zu Dietz zu rechtem Manlehen empfangen getragen, vnd beßeßlich herbracht haben Linger dan zu einer rechten Lehns gewere gnug ist, daruff ich dan, als des Geschlechts, stammes, vnd Nahmens der von Sorgeloch, vnd benenter Lehenstuk rechter Manлlehens Erb, E. g. vmb mir dieselben dermaß zu lehen, wie mir nit zwiuelt, E. g. gut wissen tragen, zu mer maln vntertenigliche angesucht, auch durch ander ansuchen vnd Bitten laßen habe, daruff mir Beschayd worden ist, Ich sol. E. G. der berurten myner Lehns Gerechdigkeit berichten so wollen sie mir gnedig antwort hergegen gedeyen lassen - - dann ich zu. E. G. persönlich geritten wer, aber in ansehung der Ferlichheyt der Laüfft, vnd daß in Key. May. vnsers allergnedigsten Herrn Hoffgesinde vnd dinst bin vnderlaßen hab - - dat Mittwoch nach Medardi, anno &c XVij.

Köhler, S. 77, Lit. Hh.

Laufenberg, neben dem Erbe Schenkenberg, dabei ist Johannes Fust als Zeuge genannt; aber im Jahre 1449 vergiftet derselbe Winterkasten eine Gülte auf dasselbe Haus zum Laufenberg dem Henne Gensfleisch, Richter Clas Schenkenbergs Eidam; dieser aber war nach der Aufzeichnung dessen, der den Tod der Frau Katharina in das Verzeichnis eintrug, Johann von Sorgenloch. Ein Junker Henne Gensfleisch war 1451 Schöffe zu Hechtsheim, er hatte eine Frau Katharina, wie Johann von Sorgenloch.

Die Stammtafel der Familie Gänsfleisch wird von zwei Namensverzeichnissen durchkreuzt, welche eine gewisse Probe für die Stichhältigkeit der Urkunden bilden: 1. durch das Verzeichnis der 1411 ausgewanderten Geschlechter, 2. durch das Verzeichnis der Hausgenossen des Jahres 1421.

Unter den Ausgewanderten von 1411 findet sich kein Glied der ersten Linie, Johann der Alte war, wenn er noch lebte, vielleicht zu alt; dagegen finden sich sämmtliche Glieder der zweiten und dritten Linie unter den Ausgewanderten. Unter den Hausgenossen finden wir neben einem Michel Gensfleisch, dessen Eltern nicht bekannt sind, von der zweiten Linie den Enkel Frielens, Dietrich Schlüssel, und die Söhne Frielens: Friele, Ortlieb und Peter. Die Hausgenossenschaft war erblich. In der dritten Linie finden wir die Mannlehen erblich.

Im ganzen erscheint die Familie Gänsfleisch als eine adelige, mit Gütern und Einkünften reich gesegnete Familie, deren Glieder sich theils dem Handel, theils der Rechtspflege widmeten.

7. Johann Gutenberg.

In der Vorrede zur Mainzer Städtechronik dankt deren Herausgeber, Prof. C. Hegel, dem Kreisarchivar Dr. Schäffer in Würzburg, der sich der Herstellung der beiden Register unterzogen, bei deren Revision er sich mit ihm in der gleichen Verlegenheit befand, die Familiennamen, inwieweit sie von Herkunftsortern, Häusern der Stadt oder Gewerben abgeleitet sind, oder solche Nebenbezeichnungen nicht als eigentliche Namen gelten können, zu bestimmen.

In der gleichen Verlegenheit befindet man sich gegenüber der Familie Gänsfleisch-Gutenberg. Zu Ende des XIV. Jahrhunderts finden wir Johann den Alten, Sohn der Grete, Johann zur Laden, Sohn der Grete zur Laden, Johann, den Sohn des Johann, und Johann, den Sohn des Niklas. Um die Mitte des XV. Jahrhunderts finden wir 1. Johann Gänsfleisch den Alten, welcher im Jahre 1443 von Ort zum Jungen dem Alten, der in Frankfurt wohnte, den Hof zum Jungen, in welchem nach Trithemius die Buchdruckerkunst erfunden worden sein soll, auf drei Jahre miethete (siehe S. 64); 2. Johann Gutenberg, den Sohn des Hausgenossen Friele Gänsfleisch und dessen Gattin Else Gudenberg, und 3. Johann von Sorgenloch, genannt Gensfleisch, den Enkel des Henchin zu Gudenberg, welcher in der Rachtung von 1430 genannt wird.

Diese Namengleichheit ist nicht vereinzelt, sie findet sich auch bei der Familie zur Eiche, denn unter den 1411 aus Mainz Ausgezogenen werden genannt: Henne zur Eiche, Jäckel, Georg, Ort, seine Söhne; Ort zur Eiche der Alte; Rudolf zur Eiche, Rudolf, Henne, Siegfried, Jäckel, Ort, seine Söhne; Niklas zur Eiche und Ort sein

Bruder; also gleichzeitig vier Ort zur Eiche, zwei Jäckel zur Eiche, zwei Henne zur Eiche, zwei Rudolf zur Eiche.

Dr. Schaab hat, in der Meinung, einen Irrthum zu beseitigen, grosse Verwirrung hervorgerufen, indem er behauptete, der Name Gutenberg komme nur der zweiten Linie zu, die Sprossen der dritten Linie hätten um die Mitte des XV. Jahrhunderts nur den Namen zum Sorgenloch geführt. Dr. van der Linde und andere haben ihm gedankenlos nachgebetet, nur der hessische Archivar Freiherr Schenk von Schweinsberg hat sich nicht beirren lassen und zugestanden, dass auch in der dritten Linie der Name Gutenberg im Gebrauch war; er ist der Meinung, dass beide Linien den Namen nach dem Hause führten.

Welcher dieser drei Johann Gänsfleisch war der Erfinder der Buchdruckerkunst?

Von dem ersten Johann Gänsfleisch dem Alten wissen wir gar nichts, als dass er 1443 den Hof zum Jungen miethete. Der Johann der Alte der ersten Linie kann er nicht gewesen sein, da dieser um 1420 gestorben ist.[1]

War dieser Johann ein Sohn des Vorigen, insbesondere der Katharina Berwolf? Das wissen wir nicht; wir wissen auch nicht,

---

[1] Im Anniversarium der Dominikanerkirche zu Mainz ist zwar Ende Februar 1468 eingetragen: *Obiit Dominus Johannes zum Ginsßfleis, cum duabus candelis et quatuor luminibus, de cujus ex parte conventus debet habere 1 marcham, adhuc non habemus*, und am 27. September: *Domina Kettergin, filia Johannis Berwolffi, uxor Johannis Ginssfleisch, cum quatuor luminibus et duabus candelis, que iacet sub lapide jacenti sub pedibus lapidis Kuppels cuum Cleman, et primus lapis tangit cum pedibus sedes sub ymagine virginis gloriose et habet cciam duas ymagines sculptas et duos clippeos, scilicet cornua et Schotten*, woraus die Meinung entstanden ist, dass dieser Johann Gänsfleisch, der Gemahl der Katharina Berwolf der Erfinder und 1468 in der Dominicanerkirche begraben sei (obgleich dieser offenbar der Johann der Alte der ersten Linie [siehe S. 109] ist), aber Freiherr von Schenk fand nach der letzterwähnten Eintragung die Worte: *Require numero IX sub littera e*, und diesem Winke folgend, fand er unter E die Originaleintragung, welche zum Theil ausgelöscht war und von einer Hand herrührte, welche die Eintragungen bis 1418 oder 1421 und vielleicht bis 1423 geführt hatte, in welchem Jahre eine andere Handschrift begann; sonach musste dieser Johann Gänsfleisch in einem der genannten Jahre gestorben sein, sicherlich lebte er nicht mehr 1443, als Johann Gänsfleisch der Alte das Haus zum Jungen miethete.

Der zweite Johann Gänsfleisch.

ob er die Buchdruckerkunst erfunden hat; auch der Umstand, dass er den Hof zum Jungen miethete und Trithemius diesen Hof als die Erfindungsstätte bezeichnet, beweist nicht, denn Trithemius sagt, dass zu seiner Zeit der Hof zum Jungen noch das Druckhaus genannt werde, und dieser Angabe steht entgegen, dass in dem Bauamtsbescheid vom Jahre 1524 (also zur Zeit des Trithemius) der Hof zum Humbrecht das Druckhaus genannt wurde und in allen folgenden gerichtlichen Beschreibungen der Häuser zum Humbrecht und zum Korb der Drückhof oder Druckhof hiess. Dieser Hof gehörte dem Peter Schöffer und fiel nach dessen Tode 1502 mit der Buchdruckerei an seinen Sohn Johann Schöffer. Möglich ist auch, dass dieser Johann der Alte, der Miether des Hofes zum Jungen, eins mit dem Sohne Frielens und der Else von Gutenberg war.

Von diesem zweiten Johann Gensfleisch wissen wir bezüglich der Erfindung der Buchdruckerkunst gar nichts, als dass er in einer Urkunde Johann Gutenberg genannt wird. Es ist anzunehmen, dass er zu Strassburg geboren war, wie dies die Nachrichten über den Erfinder behaupten, denn da seine Mutter 1430 seine Vermögensverhältnisse mit der Stadt Mainz rechtsgiltig regelte, so ist anzunehmen, dass er 1430 noch nicht grossjährig, also noch nicht 21 Jahre alt war; war er 1434, wo er selbst seine Vermögensangelegenheiten ordnete, grossjährig geworden, so war er 1413 geboren; im Jahre 1411 war sein Vater Friele zur Laden ausgewandert, und 1414 schloss dieser einen Vergleich mit dem Mainzer Rathe, es war somit möglich, dass sich die Eltern dieses Johann Gutenberg von 1411—1414 zu Strassburg aufhielten (vgl. auch S. 65/6). Dafür jedoch, dass sich dieser Johann Gutenberg länger als in seiner frühesten Kindheit, also im ersten Lebensjahre, in Strassburg aufgehalten habe, liegt in den Mainzer Urkunden gar nichts vor. Selbstverständlich liessen die Eltern ihr einjähriges Kind nicht in Strassburg, als sie nach Mainz zurückkehrten, später lag auch keine Veranlassung für ihn vor, aus Mainz auszuwandern. Dagegen konnte er allerdings um 1440 die Buchdruckerkunst erfinden, denn er war der Sohn eines Hausgenossen, welcher sein Silber in der Münze zu Geld prägen liess; er konnte als solcher eine genaue Kenntnis des Prägens haben, welches, wie oben (S. 6) erwähnt, mit dem Buchdruck ziemlich verwandt ist. Auch dürfte es irrig sein, anzunehmen, dass sein Vermögen in nichts weiter als den 7 oder 14 Gulden Leibrente bestand, welche seine Mutter und er von der Stadt Mainz bezogen; die Hausgenossen oder Geldwechsler waren reiche Leute, und ihr Geschäft brachte grossen Nutzen; ein Geldwechlerssohn konnte sich das kostspielige Vergnügen, die Buchdruckerkunst zu erfinden, schon machen, zumal anzunehmen ist, dass er nicht, wie Fust und Schöffer, die Buchdruckerkunst gewerbsmässig betrieb. Es dürfte sogar möglich sein, dass er sich später von der Buchdruckerei ganz zurückzog und das väterliche Geschäft nach dem Tode seines Bruders, von welchem keine Kinder bekannt sind, fortführte. Seine Aufnahme unter die Dienstleute des Erzbischofs war auch ohne die Erfindung der Buchdruckerkunst möglich, da die Hausgenossen ohnedies das Recht des Ehrendienstes hatten.[1]

Von dem dritten Johann Gänsfleisch, dem Sohne des Georg, ist zwar aus den Erbschaftsurkunden nicht nachweisbar, dass er den Namen Gutenberg geführt habe, zumal er, wie sein Oheim Peter und sein Vetter Jakob, den Namen Sorgenloch führte; doch war er der Enkel des Henchin Gudenberg, welcher in der Rachtung von 1430 genannt wird, und wenn Lignamine berichtet, im Jahre 1457 habe Jakob mit dem Beinamen Gutenberg in Mainz gedruckt, so ist schon oben (S. 63) nachgewiesen, dass sich auf diese Weise der Uebergang der Buchdruckerei an die Bechtermünze erklärt.

Wenn der Name Gutenberg, wie Freiherr von Schenk behauptet, an den Besitz des Hauses geknüpft war, so konnte Johann von Sorgenloch diesen Namen führen und derselbe an Jakob von Sorgenloch über-

---

[1] Der Erzbischof konnte, wenn er beim römischen König zu Frankfurt oder sonst auswärts zu Felde lag, die Hausgenossen zu sich befehlen, damit sie seine Person und seine Kammer behüteten, dafür sollte er ihnen die Kost geben. Dies ist nicht Ministerialität im eigentlichen Sinne des Wortes (zu welcher Gutenberg berufen wurde), sondern ein besonderer Ehrendienst, welcher der angesehensten Corporation der Bürger vorbehalten war. (Chroniken der deutschen Städte, Bd. XVIII.)

gehen, als dieser das Haus und die in demselben befindliche Buchdruckerei übernahm. Leider sind die Namen der Besitzer des Hofes zum Gutenberg urkundlich nicht bekannt.

Wenn wir annehmen, dass Johann Gänsfleisch mit seinen Söhnen Peter, Jakob und Georg nach Strassburg zog (sicher ist nur bekannt, dass sie auszogen), so konnte Johann von Sorgenloch ebenso wie Jakob, Peters Sohn, in Strassburg geboren sein, und da sein Vater Georg aus der Rachtung ausgeschlossen war, so hielt sich diese Familie längere Zeit dort auf. Hier mehr als bei dem Johann der zweiten Linie konnte sich die Meinung ausbilden, dass er ein Strassburger sei. Ausserdem scheint mit dem Buchdruck in Verbindung zu stehen, dass Johann von Sorgenloch 1452 dem Lehen Mettenheim entsagte, welches in diesem Jahre seinem Vetter Jakob übertragen wurde; gestorben kann er 1452 nicht sein, weil er nach den Aufzeichnungen, welche sich im Besitze der Familie zum Jungen befanden, erst 1467 gestorben ist. Es muss aber um diese Zeit etwas Wichtiges vorgefallen sein, und dieses konnte der Streit mit Fust gewesen sein. Nach der Erzählung des Faust von Aschaffenburg habe sich der Erfinder nach diesem Streite nach Strassburg begeben, und so wenig Vertrauen dessen Erzählung verdient, so ist diese Nachricht doch deshalb wahrscheinlich, weil sie erklären würde, warum Mentel schon um 1460 die lateinische Bibel drucken konnte. Schliesslich trifft das Todesjahr des Erfinders mit dem Todesjahr 1467 des Johann von Sorgenloch zusammen.

Es geht hieraus hervor, dass, so bestimmt wir auch aus den Nachrichten der Zeitgenossen wissen, dass Johann Gänsfleisch, genannt Gutenberg, die Buchdruckerkunst erfunden hat, wir doch wegen des gleichzeitigen Vorkommens mehrerer Johann Gensfleisch über die Person und damit über die Privatverhältnisse desselben im Unklaren sind, und die geschichtliche Wahrheit fordert, dies offen einzugestehen.

Dasjenige, was gegenwärtig über Gutenbergs Leben erzählt wird, ist Legende, von welcher wir der Vollständigkeit halber Kenntnis nehmen wollen.

8. Die Gutenberglegende.

Johann Gänsfleisch zu Gutenberg wurde zu Mainz[1]) oder zu Strassburg[2]) 1397[3]) oder 1398[4]) geboren, 1430 war er noch nicht grossjährig.[5]) Seine Eltern waren Friele Gänsfleisch und Else Wyrichin von Gutenberg, eine Tochter des Dietrich von Gutenberg[6]) oder des Werner Wyrich zu Mainz.[7]) Er bezog nach dem Tode seines Vaters 1430 eine Leibrente von 12 Gulden.[8]) Im Jahre 1430 befand er sich nicht in Mainz, denn in dem Vergleich, welchen der Erzbischof zwischen den ausgewanderten Geschlechtern und den Zünften vermittelt hatte, wurde er als »nicht inländig« aufgenommen.[9]) Seine Vaterstadt unterliess die Zahlung jener Leibrente, vielleicht weil er der Mahnung, dorthin zurückzukehren, nicht nachkam.[10]) Deshalb nahm Gutenberg, welcher sich zu Strassburg aufhielt, 1434 in dieser

[1]) Matth. Palmer in *Eusebius Lib. chron.*, Venedig 1483.
[2]) Jac. Phil. Bergomensis in *Suppl. suppl. Chron.*, Venedig 1483. — Bapt. Fulgosus, *Dicta et fact. memor.*, Mailand 1508.
[3]) Rotteck, Allg. Weltgeschichte, 1824, S. 307.
[4]) Denkstein im Hofe zum Gänsfleisch in Mainz.
[5]) Dr. A. van der Linde, Gutenberg, 1878, S. 18.
[6]) Dr. C. A. Schaab, Die Geschichte der Erfindung der Buchdruckerkunst durch Johann Gensfleisch genannt Gutenberg, Mainz 1830, Bd. 1.
[7]) Freiherr Schenk von Schweinsberg in A. van der Lindes Geschichte der Erfindung der Buchdruckkunst, Berlin 1886, S. 944.
[8]) J. D. Köhlers Hochverdiente und aus bewährten Urkunden wohlbeglaubte Ehrenrettung Johann Gutenbergs, Leipzig 1741, S. 81, Nr. 14.
[9]) G. Ch. Joannis, *Script. rer. mag.* 1727, III. — Köhler a. a. O., S. 71. Vgl. oben S. 115.
[10]) Dr. A. van der Linde, Gutenberg, S. 19.

Die Gutenberglegende.

Stadt den Mainzer Stadtschreiber Nikolaus gefangen, gab diesen aber auf Fürsprache des Strassburger Rathes nicht blos frei, sondern entsagte selbst seiner Forderung von 310 rheinischen Gulden an denselben.[1]) Zwei Monate darauf befand er sich in Mainz, um einzuwilligen, dass seine Rente von 14 auf 12 Gulden gemindert werde.[2]) Nach Urkunden vom Jahre 1439 lehrte Gutenberg mehreren Strassburger Bürgern verschiedene Künste, namentlich Edelsteine schleifen und Spiegel machen. Als einer derselben starb, befand sich bei diesem eine Presse, welche gestohlen wurde.[3]) Gutenberg hielt sich noch 1441 in Strassburg auf und machte ein Anlehen von hundert Pfund Strassburger Denarien.[4]) 1442 borgte Gutenberg vom St. Thomasstifte achtzig Pfund Denarien, von denen er bis 1458 die Zinsen zahlte, dieselben aber von da ab schuldig blieb. Er wurde deshalb vergeblich beim Hofgerichte zu Rottweil verklagt.[5]) 1439 und 1442 zahlte Gutenberg den Weinzoll in Strassburg.[6]) Nach Mainz zurückgekehrt, liess Gutenberg 1448 durch Arnold Geldhus anderthalb hundert Gulden für sich aufnehmen,

Nr. 34. Angebliches Brustbild Gutenbergs.
(Aus Schaabs Geschichte der Erfindung der Buchdruckerkunst.)

welche Schuld er niemals zahlte, da die Urkunde 1503 bestätigt wurde.[7]) Im Jahre 1450 verband sich Gutenberg mit Johann Fust, einem Mainzer Bürger, zur Ausführung des Buchdrucks, zu welchem

---

[1]) J. Dan. Schöpflin, *Vindiciae typographiae*, Strassburg 1760, Nr. I.
[2]) Köhler a. a. O., S. 82, Nr. 16.
[3]) Schöpflin a. a. O., Nr. II und IV.
[4]) Schelhorn, *Amoenitates Literariae*, 1730. Schöpflin a. a. O., Nr. V und VI.
[5]) C. Schmid, *Nouveaux détails sur la vie de Gutenberg*.
[6]) Schöpflin a. a. O., Nr. VII.
[7]) Dr. Schaab a. a. O.

Zweck letzterer zweimal 800 Gulden vorschoss. Noch ehe das Werk beendet war, klagte Fust auf Zurückgabe seines Capitals, und da Gutenberg nicht zahlen konnte, nahm Fust das ihm für diese Summe verpfändete Druckgeräth an sich.[1]) Gutenberg, um die Früchte seines Fleisses gebracht, fand einen neuen Gläubiger an Dr. Homery,[2]) mit dessen Geld er eine neue Druckerei eröffnete und das Katholikon 1460, sowie mehrere kleine Schriften druckte.[3]) Im Jahre 1465 wurde Gutenberg vom Erzbischof unter seine Hofdiener aufgenommen und starb 1467.[4])

Zu dieser Legende gehört auch das von Dr. C. A. Schaab in seiner »Geschichte der Erfindung der Buchdruckerkunst« veröffentlichte angebliche Brustbild Gutenbergs, über welches Schaab selbst bemerkt: »Die Stadt Strassburg besitzt auf ihrer öffentlichen Bibliothek ein Porträt von Gutenberg, welches eine Copie nach einem gleichzeitigen Original sein soll. Nach dieser Copie ist sein Brustbild in Bronze über der Thür der Heitzschen Buchdruckerei zu Strassburg von einem Pariser Künstler gefertigt. Die Hauptzüge jener Copie werden bis jetzt noch in allen Abbildungen Gutenbergs beibehalten.«

Soweit die vorliegende Legende Gutenbergs Abstammung betrifft, wolle man sie mit den Thatsachen vergleichen, welche in den beiden vorigen Abschnitten festgestellt worden sind. Die Prüfung der weiteren Angaben findet man in den folgenden Abschnitten.

---

[1]) Diese Angabe beruht auf einem Notariatsinstrument, dessen Original jüngst von dem Bibliothekar Dziatzko zu Göttingen aufgefunden wurde. Hiedurch wurden die älteren Quellen überflüssig, und man vergleiche: Dziatzko, Beiträge zur Gutenbergfrage, Berlin 1889.
[2]) G. Ch. Joannis a. a. O.
[3]) A. van der Linde, Geschichte der Erfindung der Buchdruckkunst, S. 919.
[4]) G. Ch. Joannis a. a. O.

9. Gutenberg in Strassburg.

Urkunden sind eine hochschätzbare Quelle für die Geschichtsforschung, vorausgesetzt, dass sie echt sind. Wie aber im Leben oft die Lüge die Maske der Wahrheit vornimmt, um desto sicherer zu täuschen, so sind auch Urkunden gefälscht worden. Wohl prüft der Kenner die Echtheit der Urkunden sorgfältig am Papier oder Pergament, an den Siegeln, an der Schrift und Orthographie, aber geschickte Fälscher haben sich auch darauf vorbereitet. Wir haben oben (S. 33) gesehen, dass im XIX. Jahrhundert Ablassbriefe gefälscht worden sind, indem man sie mittels des zu Ende des vorigen Jahrhunderts erfundenen Steindrucks auf Pergament und auf echtes Papier des XV. Jahrhunderts druckte; die Buchdrucker Balthasar Beck und Walther Reyff in Strassburg machten sich in der ersten Hälfte des XVI. Jahrhunderts selbst ein kaiserliches Patent, indem sie ein altes Privilegium auf neues Pergament abschrieben und mit einem Joachimsthaler siegelten, und in der Handschrift aus dem Anfange des XVII. Jahrhunderts, welche von dem Ueberfalle der Mainzer 1462 berichtet, sowie in der Bodmannschen Abschrift eines angeblichen Briefes Gutenbergs (siehe S. 92) ist auch die Orthographie des XV. Jahrhunderts täuschend nachgeahmt; Dr. Schaab rühmt von Bodmann, dass er auch die Schrift jener Zeit wunderbar nachahmen konnte. Welche Bürgschaft bleibt somit für die Echtheit einer Urkunde?

Auch die Achtbarkeit der Personen, welche derlei gefälschte Urkunden ans Licht brachten, kann den Zweifel nicht beirren. Es hat sich herausgestellt, dass Prof. Bodmann in Mainz gefälschte Schriftstücke veröffentlichen liess, und dass Prof. Joh. Dan. Schöpflin die Nachricht von einem gebrochenen Eheversprechen Gutenbergs in die Welt schickte, welches bei dringender Nachfrage darauf zusammenschrumpfte, dass im Helbelingzoll der Name einer Ennel Gutenberg eingetragen sei. Nur der Mangel eines Originals hat diese und ähnliche Nachrichten als Fälschungen erkennen lassen. Hätte irgend jemand an der Richtigkeit dieser Nachrichten gezweifelt, wenn diese Professoren einen Schritt weiter gegangen wären und diese Nachrichten auf Pergament in der Schrift und Orthographie des XV. Jahrhunderts vorgelegt hätten? Schöpflin und Bodmann waren im bürgerlichen Leben ehrenwerte Männer, welche es für eine unverzeihliche Sünde gehalten hätten, sich durch eine Unwahrheit einen bürgerlichen Gewinn zu verschaffen, sie machten sich aber kein Gewissen daraus, die von der Geschichte unbeschrieben gelassenen Blätter zu benützen, um sie mit Zeugnissen auszufüllen, dass Gutenberg in diesem oder jenem Jahre in Mainz oder Strassburg gelebt oder gedruckt habe. Dieser ihnen löblich scheinende Zweck mochte ihnen das Mittel heiligen, zumal sie glaubten, dass dadurch niemandem ein Schaden widerführe.

Ist es aber immer bei diesen Täuschungsversuchen geblieben? Ist nicht von den Genannten oder anderen auch der letzte Schritt geschehen und die falsche Nachricht mit den Attributen wirklicher Urkunden umkleidet worden? Diese Frage taucht bei allen jüngeren Urkunden, welche sich auf die Erfindung der Buchdruckerkunst oder die Person des Erfinders beziehen, auf, sie lässt alle angeblichen Merkmale der Echtheit beiseite und prüft nur die geschichtliche Wahrscheinlichkeit.

Dass Gutenberg aus der Mainzer Gänsfleisch-Familie entsprossen ist, dürfte nach den Documenten, auf denen der Stammbaum der Familie Gänsfleisch beruht, sicher sein. Dementsprechend nennt Math. Palmer 1483 ihn einen Mainzer Ritter. Wenn ihn gleichzeitig Jak. Phil. Bergomensis einen Strassburger nennt, wie auch Lignamine den Jakob Gutenberg mit *patria Argentinus* bezeichnet, so steht das mit dem Vorigen nicht im Widerspruch, denn wir wissen, dass sowohl der zweite, als der dritte Zweig jener Familie 1411 auswanderte, dass also die Genannten in der Fremde geboren sein konnten, und die Angaben der Zeitgenossen, welche Gutenberg einen Strassburger nennen, lassen schliessen, dass die Familie 1411 nach Strassburg auswanderte, und dass sich jener Henchin Gutenberg, welcher in der Rachtung von 1430 als »nicht inländig« bezeichnet ist, in Strassburg befand.

Nun will Prof. J. D. Schöpflin in einem Verzeichnis von Verträgen (*ex libro contractuum*) des Jahres 1434 eine Urkunde gefunden haben, welche er 1760 veröffentlichte, wonach »Johann Gensefleisch der Junge, genant Gutemberg«, vor dem grossen Rathe zu Strassburg erklärte, dass er den Mainzer Stadtschreiber Herrn Niclaus habe verhaften lassen, weil die Stadt Mainz die ihm schuldigen Zinse und Gülten nicht bezahle, und er nun diesen Niclaus nicht allein wieder freigebe, sondern auch auf die 310 gute rheinische Gulden verzichte, welche derselbe ihm gelobt habe, bis kommende Pfingsten zu geben und zu antworten gen Oppenheim in den Hof zum Lamparten, seines Vetters Artgeld Haus. Datum Sonntag nach St. Gregorientag 1434.

Wenn diese Urkunde gefälscht ist, so war sie sehr geschickt angelegt; zwar bezieht sie sich nicht auf den Erfinder, aber sie passt ausgezeichnet auf Johann Gensfleisch den Jungen, welcher 1411 mit seinen Söhnen Peter, Jakob und Georg Mainz verlassen hatte, denn dieser bezog in der That grosse Einkünfte von Mainz; er hatte 1401 58 Pfund 3 Schilling und 3 Heller vom Erzbischof Johann von Mainz zu fordern, 1402 verlieh dieser Erzbischof ihm und seinen Söhnen Peter und Georg mehrere in der Stadt Mainz gelegene Zinshäuser und Kräme mit den Gefällen als erzstiftisches Mannlehen (Jakob war als Geistlicher nicht lehenfähig), 1405 schuldete ihm der Erzbischof 327 Gulden 6 Schilling Heller, womit er ihn auf den Zoll von Lahnstein anwies, um sie allda in vier Zielen zu empfangen, 1407 verlieh der Erzbischof ihm und seinen Söhnen wieder mehrere Zinshäuser und Zinsgaden in der Stadt Mainz zu Mannlehen, und 1411 liess der Erzbischof durch einige Pröpste, Dechante und Sänger bei ihm und mehreren anderen Bürgern ein Darlehen von 1260 schweren Gulden aufnehmen. Da sein Sohn Georg nicht in die Rachtung aufgenommen worden war, so konnte der Vater mög-

9

licherweise sich geweigert haben, nach Mainz zurückzukehren, und da 1422 durch eine Mainzer Rathsverordnung aller Verkehr mit denen, welche ihre Bürgerschaft abgelegt hatten, mit schwerer Strafe bedroht war, so konnte allerdings Johann Gänsfleisch 310 Gulden an rückständigen Zinsen von Mainz zu fordern haben — vorausgesetzt, dass er 1434 noch lebte; aber gerade das Letztere ist zu bezweifeln, weil 1432 der Herr zu Eppstein einen Vergleich über die Lehengüter mit Johanns Söhnen Peter und Georg abschloss. Dass Johann Gänsfleisch einen Sohn Johann hatte, wie Schaab annimmt, ist in keiner Weise erwiesen, wir kennen nur einen Enkel Johann von Sorgenloch, und dieser konnte nicht handeln, solange sein Vater Georg lebte, der erst um 1442 starb, denn in diesem Jahre ging das Lehen zu Mettenheim an den Sohn Johann über. In der Mainzer Chronik kommt von dieser Verhaftung des Stadtschreibers nichts vor, hier steht nur, dass am 30. November 1437 die Bürgermeister und Räthe der Städte Worms, Speier, Frankfurt und Oppenheim den Streit der Mainzer Bürger schlichteten; von Oppenheim waren Rudiger zu der alten muncze und Heinrich von Dittelnsheim der alte nach Mainz entsendet worden, der Name Artgeld kommt im Register der Chronik nicht vor.

Darauf, dass Johann Gutenberg zwei Monate später in Mainz einwilligt, dass seine Leibrente von 14 Gulden auf 12 herabgesetzt werde, braucht hier nicht eingegangen zu werden, denn selbst angenommen, dass die Erklärung vor dem Strassburger Rathe echt wäre, so würde es sich nur um die Verwechslung zweier verschiedener Personen handeln, der Strassburger Johann Gutenberg war der Sohn des Niklas, der Mainzer der Sohn des Friele.

Als Prof. Schöpflin nach Strassburg kam, wunderte er sich, dass die Strassburger den Mentel für den Erfinder der Buchdruckerkunst hielten, während die öffentliche Stimme in Europa bereits dem Gutenberg diese Erfindung zuschrieb, und er empfahl den Strassburger Gelehrten, dem Mainzer Gutenberg einen Strassburger Gutenberg entgegenzustellen, nachdem er aus den zwei von Scherz im Archiv der St. Thomaskirche zu Strassburg entdeckten Urkunden ersehen hatte, dass Gutenberg 1441 in Strassburg gewesen sei. Sie

Der Strassburger Process. 131

begriffen endlich mit ihm, dass die ganze Sache der Strassburger bloss allein auf Gutenberg beruhe, und dass mit dem Lebensabschnitt desselben, welchen er in Strassburg zubrachte, der Ursprung der Buchdruckerkunst ohne Zweifel verwebt sei. Merkwürdigerweise kamen jetzt Actenstücke zu Tage, von denen die Strassburger früher keine Ahnung hatten.

Schöpflin erhielt 1740 von Jakob Wencker eine Urkunde, welche ein Urtheil des Strassburger Rathes vom 12. December 1439 enthielt. Dieselbe lautet:

Urtheilsspruch des Rathes. 1439.

Wir Cune Nope der Meister und der Rat zu Straßburg thun funt allen den die difen brieff fehent oder hörent lefen, daß für uns kummen ist Jerge Dritzehen unfer burger im namen fin felbs und mit vollem gewalt Clauß Dritzehen fins bruders, und vorderte an Hans Genßfleisch von Mentz genant Gutenberg, unfern hinderfoß, und fprach alß hette Andres Dritzehen fin bruder felige ein erber gut von fime vatter feligen geerbet, und deßelben fins vetterlichen erbs und guts etwa vil verfetzet und darus ein trefflich fumme gelts brobt, und wer alfo mit Hanß Gutenberg und andern zu einer gefellfchafft und gemeinfchafft kommen, und hett folch gelt in diefelbe gemeinfchafft zu Hans Gutenberg geleit, und hettent gut zit Jr gewerbe mittenander gemaht und getriben des fie auch ein mychel teil zufammen broht hettent, So were auch Andres Dritzehen an vil enden do fie bli und anders das darzu gehört kaufft hettent, bürge worden, das er auch vergolten und bezalt hette, Alß nu derfelbe Andres von tode abegangen were, hette er und fin bruder Clauß ettwie dick an Hanuß Gutenberg gefordert, daß Er fie an Jrs bruder feligen stat, in die gemeinfchafft nemen folte, oder aber mit Jnen überkommen umb folich ingeleit gelt, fo er zu Jm in die gemeinfchafft geleit hette, das er aber alles nie getun wolte, und fich domit behülffe, daß Andres Dryzehen folich gelt in die gemeinfchafft zu Jm nit geleit haben folte, do er aber hoffte und truwete erberlich zu erzügen wie er davor geret hette, daß das alfo ergangen were, und darumb fo begerte er noch hütbitage daß Gutenberg Jn und fin bruder Clauß in Jr erbe und in die gemeinfchafft an Jrs bruder feligen stat fetzen, oder aber folich ingeleit gelt, von Jrs bruders feligen wegen wider harns geben wolte. Alß Jnen das von erbes und rechtes wegen billich zugehörte; Oder aber feite warumb er das nit tun folte.

Dagegen antwurt Hanns Gutenberg, daß Jme folich vorderunge von Jerge Drytzehen unbillig neme, Sit er doch durch etlich gefchrifft und jedel fo er und fin bruder hinder Andres Dryzehen Jrem bruder noch tobe funden hätte wol underwifen were, wie er und fin bruder fich mittenander vereyniget hettent, Dann Andres Dryzehen hette fich vor etlichen Jaren zu Jm gefüget und nnderftanden etlich kunft von Jm zu leren und zu begriffen, Deß hett er Jn nu von finer bitt wegen geleret, Stein bollieren das er auch zu den ziten wol genoffen hette, Donoch über gut zit, hette er mit Hanns Riffen vogt zu Lichtenow ein kunft underftanden Sich der uff der Ocher heilltums fart zu gebruchen und fich des vereyniget daß Gutenberg ein zweiteil und Hans Riffe ein dirteil daran haben folte, Deß were un Andres Dryzehen gewar worden, und hette Jn gebeten Jnen folich kunft auch zu leren und zu underwifen, und fich erbotten daß noch fim willen umb Jn

9*

zu verschulden. Ju dem hette ther Anthonie Heilmann Jnen deßglichen von Andres Heilmanns sins bruders wegen auch gebetten, do hette er nu Jr beden bitt angesehen und Jnen versprochen Sie des zu leren und zu underwißen, und onch von solicher kunst und afentur das halbe zu geben und werden zu laßen, also daß sie zween ein teil Hans Riff den andren teil und er den halben teil haben solte. Darumb so solten dieselben zwoene Jm Gutenberger hundert und LX. gulden geben in sinen seckel von der kunst zu leren und zu underwvisen, Do Jm auch uff die zit vom ir jeglichem LXXX. gulden worden vvere, Als hetten sie alle vor Jnen daß die heiltums fart uff dis Jar solte sin, und sich darnff gerüstent und bereit mit Jr kunst, Alß nu die heiltumbfart sich eins Jares lenger verzogen hette, hetten sie fürbas an Jn begert und gebetten Sie alle sin künste und afentur so er fürbasser oder in ander wege iner erkunde oder wuste, auch zu leren und des nit vür Jnen zu verhelen, Also überbatent sie Jne daß sie des eins wurden und wurde nemlich beret daß Sie Jm zu dem ersten gelt geben solten IIIc. gulden, das vvere zusammen 410. gulden, und solten Jm auch des hundert gulden geben alß bar, deß Jm auch uff die zit 50. gulden von Andres Heilmann und 40. fl. von Andres Dryzehen vvorden vverent, und stundent Jm von Andreß Dryzehen des noch 10. fl. uß. Darzu solten die zwoene Jr jeglicher Jm die 75. fl. geben zu dryen zilen noch dem dann dieselbe zil deßmols beret vvorden werent, Do aber Andres Dryzehen in solichen zilen von tode abegangen vvere und Jme solich gelt von sinet vvegen noch ußstünde, so vvere auch uff die zit nemlich beret, daß solich Jr affentur mit der kunst solt vveren fünff gantze Jar, und vver es daß ir einer under den vvieren in den fünff jaren von tode abeginge, so solte alle kunst, geschirre und gemaht werck by den andern bliben, und solten des abegangenen erben dafür noch ußgang der fünff jor vvorden hundert gulden. Das und anders auch alles zu der zit verzeichent und hinder Andres Dryzehen kommen sy darüber einen versigelten brieff zu setzen und zu machen, alß das die zeicheniß luter uswißet, und habe auch Hans Gutenberg sie sithar und daruff solich afentur und kunst gelert und underwvisen, deß sich auch Andres Dryzehen an sine tot bett bekant hette, Darumb und vvile di zedel so darüber begriffen und hinder Andres Dryzehen funden vverent, das luter besagen und innhalten, und er das auch mit guter kuntschafft hofte byzubringen, so begerte er daß Jörge Dryzehen und sin bruder Clauß Jm die 85. gulden so Jm von Jrs bruder seligen vvegen noch also ußstünden, an den 100. gulden abeschlahent, so vvolle er Jnen die übrigen 15. gulden nochgeben, wievvol er des noch ettliche jahr zil hette, und Jnen darumb tun noch vviiunge solicher zedel davon begriffen, Und alß Jerge Dryzehen fürbas gemeldet hette wie Andres Dryzehen sin bruder selige etwvie vil sins vatters erbe und guts gehebt, versetzet oder verkauft habe, das gange Jne nicht an, und Jm sy von Jm nit me vvorden, dann er vor erzalt habe, ußgesat einen halben omen gesotten vvins, ein korp mit bieren und er und Andres Heilmann haben Jm ein halb fuder wins geschencket, do sie zwene fast me by Jm verzert hettent, darumb Jm aber nützit worden were, Darzu als er fordert Jnen in sin erbe zu setzen, do wiße er deheim erbe noch gut do er Jne insetzen solle oder dovon er Jm itzt zu thun sy. So sy auch Andres Dryzehen niergent sin bürge worden, weder für bli oder anders, ohne ein mol gegen Fridel von Seckingen, von dem habe er Jne noch sine tode wider gelidiget und gelöset, und begert darum sin kundschafft und worheit zu verleien.

Alß nachdem Wir Meister und Rat obgenannt forderunge und antwurt, rede und widerrede, auch kuntschafft und worheit so sie beder site fürgewant habent und besunder den zedel wie die beredung vor Uns geschen, verhörtent, do kommet Wir

Der Strassburger Process.

mit recht urteil überein und sprochent es auch zu recht: wile ein zedel da ist der da wiset in welcher maße die beredunge zugangen und geschehen sin soll. Sy dann daß hanns Riff, Andres heilmann und hanns Gutenberg schwerent einen eit an den heiligen, daß die sache ergangen sient, als das der obgemelt zedel wiset, und das derselbe zedel darnff begriffen wurt daß ein besigelter brieff darus gemaht sin solt ob Andres Dryzehen by sinem leben bliben were, und daß hanns Gutenberg domit sweret, daß 3m die 85. gulden von Andres Dritzehen noch unbezalt ußstont, so sollen 3m dieselben 85. gulden an den obgemelten 100. gulden abegon, und soll die übrige 15. gulden gemelten Jörge und Claus Dryzehen harus geben, und sollent die 100. gulden domit bezalt sin noch innhalt der obgemelten zedel, Und soll Gutenberg fürbas von deß werds und gemeinschafft wegen mit Andres Dryzehen all nützit zu tun noch zu schaffen haben. Sollichen eit hans Riff, Andres heilmau und hanns Gutenberg vor Uns also geton habent, nßgenommen daß hanns Riff geseit hat daß er by der beredung am ersten nit gewesen sy, so bald er aber zu 3n kommen und sie 3m die beredung seiten, da ließ er das auch daby bliben, daruff gebieten Wir diese verheißung zu halten. Datum vigil. Lucie et Otilie Anno XXXIX.

Wir erfahren aus diesem Schriftstücke 1. dass Gutenberg dem Dritzehn Steine polieren gelehrt habe, 2. dass er diesem, sowie dem Hans Riffe, Vogt zu Lichtenau, und einem dritten, Andreas Heilmann, eine Kunst gelehrt habe, deren Erzeugnisse sie auf der Wallfahrt nach Aachen, welche im Jahre 1438 oder 1439 stattfinden sollte, verwerten wollten: als diese Wallfahrt aber sich um ein Jahr verzögert habe, hätten ihn diese drei gebeten, ihnen alle seine Künste zu lehren, worauf sie einen Vertrag auf fünf Jahre machten, dass, wenn einer in dieser Zeit stürbe, alles Werkzeug und alle gefertigte Arbeit den anderen gehören, den Erben des Verstorbenen aber nach Ende der fünf Jahre 100 Gulden ausbezahlt werden sollten. Nachdem nun Andreas Dritzehn zu Weihnachten 1438 gestorben war, verlangten seine Brüder Aufnahme in die Gesellschaft, Gutenberg aber weigerte sich dessen, indem er sich auf den Vertrag berief, erklärte sich aber bereit, nachdem von Dritzehn noch 10 Gulden und eine Rate von 75 Gulden ausstand, diese 85 Gulden in die 100 Gulden einzurechnen und den Restbetrag von 15 Gulden sogleich zu bezahlen, obwohl er dazu erst in etlichen Jahren verpflichtet wäre, womit sich der Rath einverstanden erklärte.

Dr. van der Linde fand »das Steinschleifen« sehr natürlich, er bemerkt dazu (Gutenberg, S. 20): »Der Hundsruck und das sogenannte Westrich in der Nachbarschaft von Mainz lieferte damals halbedle

134   Das Edelsteinschleifen.

Nr. 35. Schleifmühle für Edelsteine im Idarthale. (Aus der Gartenlaube.)

Steine. Nach Sebastian Münster wurde Chalcedon im Revier St. Wendel gebrochen, und das nicht weit entfernte Oberstein an der Nahe, wo sich Achat, Onyx und andere derartige Schmucksteine finden, ist

Das Edelsteinschleifen. 135

noch jetzt der Ort, wo sie auf einer Menge von Mühlen geschnitten und mittels Tripel und Zinnasche poliert werden.«

Wer aber annimmt, dass das Steinepolieren eine geheime Kunst gewesen sei, der hat jedenfalls keine Vorstellung von dieser Arbeit, welche allerdings von dem XV. Jahrhundert bis jetzt zu Oberstein an der Nahe geübt wird und damals von einem Grafen

Nr. 36. An den Schleifsteinen. (Aus der Gartenlaube.)

von Nassau, welcher in Bologna studierte, aus Italien eingeführt worden sein soll, nachdem er wusste, dass die Nahe Achatkugeln mit sich führte, welche bis dahin unbeachtet und unverwertet blieben. Die vorstehenden Abbildungen einer Schleifmühle und schleifender Arbeiter sind der »Gartenlaube« (1889, S. 219 und 220) entnommen und beweisen, dass zu diesen Arbeiten eine Mühle nothwendig ist, welche nicht geheim in Betrieb gesetzt werden kann; phantasievolle

Leser können sich vielleicht den ehrsamen Bürger Dritzehn und den Junker Gutenberg auf dem Bauche liegend vor den Mühlsteinen vorstellen, wenn auch die Sache selbst ganz unglaubwürdig ist. Ueber das Polieren sagt die »Gartenlaube«: »Die Achatsteine werden am Ort, wo sie geschliffen sind, auf der Poliermaschine geglättet. Dieselbe besteht aus einem Cylinder von hartem Holz, welcher mittels Treibriemen mit der Schwelle der Schleifsteine in Verbindung gebracht ist; der zu polierende Stein wird einfach gegen den sich drehenden, mit Tripel bestrichenen Cylinder gedrückt.«

Wird durch diese Abbildungen die Glaubwürdigkeit der Strassburger Urkunde gewaltig erschüttert, so verliert sie allen Boden durch die Behauptung, dass die Aachener Wallfahrt im Jahre 1438 oder 1439 hätte stattfinden sollen, aber um ein Jahr verschoben worden sei. Der Archivar Dr. Arthur Wyss in Darmstadt hat ermittelt, dass die Wallfahrt in Aachen, welche alle sieben Jahre stattfindet, 1391, ferner nach einer Urkunde vom Jahre 1445 im Jahre 1440 stattgefunden hat und die nächste 1447 stattfinden sollte: dies ergibt eine Reihe von 1391, 1398, 1405, 1412, 1419, 1426, 1433, 1440, 1447. Es geht auch nicht an, dass man diese angebliche Verschiebung auf ein Gerücht schiebt, denn ein solches Gerücht konnte erst 1439 oder 1440 entstehen, also erst nach Dritzehns Tode, aber nicht bei dessen Lebzeiten, wie die Urkunde sagt.

Diese Urkunde ist sonach eine Fälschung, darauf (und wie die Erfahrung gezeigt hat, mit Erfolg) angelegt, den Erfinder der Buchdruckerkunst als eine Art Tausendkünstler hinzustellen, welcher in Strassburg anfing, die Buchdruckerkunst zu erfinden, und diese Erfindung in Mainz vollendete, somit Strassburg zur Geburtsstätte der Buchdruckerkunst zu erheben. Angesichts dieses Umstandes ist es fast überflüssig, darauf hinzuweisen, dass Andreas Dritzehn, nachdem er ein so einträgliches Gewerbe, wie das Steinepolieren, erlernt hatte, gar nicht nothwendig hatte, sich um die Erlernung anderer Künste zu bewerben. Er konnte seine Schleifmühle auch seinen Brüdern Jerge und Claus ohneweiters hinterlassen; aber leider ist diese Mühle von der Tinte des Actenstückes spurlos hinweggeschwemmt worden.

Welche Kunsterzeugnisse in Aachen verkauft werden sollten, ist nicht gesagt, doch lässt sich leicht erkennen, dass es gedruckte Heiligenbilder, wie solche die Briefdrucker feilboten, sein sollten. Fünf Jahre später fand Schöpflin (siehe S. 98) die Processacten, nämlich »eine lange Reihe von Zeugen, welche ihre Zeugnisse über ein Gutenbergisches Geheimnis abgaben, welches die meisten von ihnen als die Buchdruckerkunst bezeichneten«.

Dieses Zeugenverhör dreht sich um das Verhältnis des Andreas Dritzehn zu Gutenberg und enthält die denkbar grössten Widersprüche: Eine Käuflerin Barbel von Zabern kommt in der Nacht zu Andreas Dritzehn und wundert sich, dass er noch arbeitet. Wie könne er so viel Geld verthun, das müsse ja über 10 Gulden gekostet haben. Er sagte, hätte sie das, was es ihm über 300 Gulden gekostet habe, so hätte sie ihr Lebtag genug, und es habe ihm wenig unter 500 Gulden gekostet. Dagegen beichtet er auf dem Todtenbette dem Peter Eckhart, dem Leutpriester von St. Martin, er habe 200—300 Gulden ausgeliehen, wovon er keinen Pfennig Gewinn hatte. Frau Ennel, Hans Schultheissens, des Holzmanns, Frau, seine Muhme, bei welcher Dritzehn wohnte, bezeugt, dass sie ihm Tag und Nacht geholfen habe. Der Goldschmied Hans Dünne sagt, er habe vor drei Jahren allein mit dem, was zum Drucken gehört, an Gutenberg etwa hundert Gulden verdient. Hans Niger hat Andreas Dritzehn gefragt, was er für Geschäfte hätte, und dieser antwortete, er sei ein Spiegelmacher. Mydehart Stocker sagt, dass Andreas Dritzehn am St. Johannistage zu Weihnachten (27. December 1438) krank geworden sei. Herr Anton Heilmann, der Bruder des Geschäftstheilnehmers Andreas Heilmann, sagt, dass, nachdem Andreas Dritzehn starb, die Leute gerne die Presse gesehen hätten, welche bei diesem sich befand. Da sagte Gutenberg, man solle nach der Presse senden, er fürchte, dass man sie sähe. Darauf schickte Gutenberg seinen Knecht in die Stadt, um sie zu zerlegen. Dieser Knecht, Lorenz Beldeck, sagt, Gutenberg habe nach des Andreas Tode ihn zu dessen Bruder, Claus Dritzehn, hingeschickt und ihm sagen lassen, dass er die Presse, die Claus in Verwahrung hatte, niemand zeige. Er habe also zu Claus gesagt, er möge an die Presse gehen und dieselbe mit den zwei Wirbelchen aufmachen, so fielen die Stücke auseinander. Diese Stücke sollte er dann in die Presse oder auf die Presse legen, so könnte niemand etwas sehen oder merken. Hans Schultheiss erzählt, hierauf sei Claus Dritzehn gegangen und suchte die Stücke, fand sie aber nicht. Conrad Sahspach, der Drechsler, sagt, Andreas Heilmann sei zu ihm gekommen und habe gesagt, er habe die Presse des verstorbenen Andreas Dritzehn gemacht und wisse um die Sache, er möge nun hingehen, die Stücke aus der Presse zu nehmen und sie von einander zerlegen, so wisse niemand, was es sei. Als er am letztvergangenen St. Stefanstage (26. December 1438) nachsuchte, da war das Ding weg. Herr Anton Heilmann sagt, Gutenberg habe nicht lange vor Weihnachten seinen Knecht zu den beiden Andresen gesandt, alle Formen zu holen und würden zerlassen, dass er es sähe, und ihn etliche Formen reueten.

Dieser Andreas Dritzehn, welcher einen Tag früher stirbt, bevor er krank wird, ist der sicherste Zeuge gegen die Glaubwürdigkeit dieses Zeugenprotokolls; es geht auch nicht an, den Drechsler Sahspach eines Irrthums zu zeihen, denn er befindet sich in Uebereinstimmung mit Anton Heilmann, der vor Weihnachten die Form abholen lässt. Erwägt man ferner, wie ungereimt es ist, dass Andreas Dritzehn bei seinen geheimen Arbeiten Besuche annimmt und sich dabei von einer Frau helfen lässt, dass Gutenberg, wenn er das Drucken geheim halten wollte, die Presse ausser Hauses gab und sie in Verwahrung des Claus Dritzehn liess, den er nach dem Urtheilsspruch nicht in sein Geschäft einweihen wollte, dass nach den Zeugenaussagen um das Geheimnis so viele fremde Personen wussten; berücksichtigt man schliesslich die Widersprüche bezüglich des Zerlegens der Presse, indem Gutenberg seinen Knecht schickt, sie zu zerlegen, dieser den Claus Dritzehn beauftragt, sie zu zerlegen, und Andreas Heilmann zu Sahspach läuft, damit er die Presse zerlege, so muss man gestehen, dass diese Fälschung sehr ungeschickt war, und staunen, dass dieselbe so viel Glauben fand. Die zu Weihnachten gestohlene Presse ist offenbar nichts als die Nachbildung des Harlemer Juniusmärchens, dass dem Laurenz Coster zu Weihnachten die Presse mitsammt der Erfindung der Buchdruckerkunst gestohlen worden sei. **Pressen können nicht gestohlen werden.** Dr. van der Linde hat nun den Schwindel zu vertuschen gesucht, indem er, an die Aeusserung Dritzehns, er sei Spiegelmacher, anknüpfend, behauptete, es habe sich nicht um den Buchdruck, sondern um **Spiegelmachen** gehandelt; aber abgesehen davon, dass Dritzehn seine Aussagen fortwährend ändert und diese Aeusserung auch eine Ausrede sein konnte, um den neugierigen Niger irre zu führen, ist im Urtheilsspruch deutlich gesagt, Gutenberg habe seinen Genossen **alle seine Künste** gelehrt, und schon vor drei Jahren will der Goldschmied Dünne an hundert Gulden bei Gutenberg mit dem, was zum **Drucken** gehört, verdient haben.

Welchen Zweck diese Urkunden hatten, beweisen Schöpflins Worte: »Der Erfinder der beweglichen Typen, gleichviel von welcher Natur, ist der wahre Erfinder der Buchdruckerkunst, welche alle anderen Künste erhält und verbreitet. Dass aber diese von Gutenberg **zu Strassburg erfunden und mehrere Jahre daselbst mit seinen Genossen von demselben geübt worden,** ehe er sie nach Mainz überbrachte, ehe Schöffer die Matrizen und Coster den Bücherdruck mittels Tafeln erfunden hatten, werde ich **aus authentischen Documenten** erweisen, welche ein langes Nachsehen und der Zufall mir verschafft haben.«

Mit den Strassburger Processurkunden ist nichts erwiesen, als wie leicht die Welt getäuscht werden kann.[1])

---

[1]) In jüngster Zeit haben diese Strassburger Urkunden Geistesverwandte in Avignon gefunden. Ein französischer Abbé, Requin, fand in den Archiven daselbst eine Anzahl Notariatsacten, wonach ein Prager Goldschmied, Prokop Waldvogel, 1444—1446 mit dem Juden David von Caderouse einen Vertrag schloss, in welchem er sich verpflichtete, diesem 27 hebräische Buchstaben, genannt Formenbuchstaben, in Eisen zu graviren, gemäss **der künstlichen Schreibens,** welches Waldvogel vor zwei Jahren ihm gelehrt habe, wozu er ihm auch das nöthige Werkzeug in Holz, Zinn und Eisen liefern wolle, wogegen der Jude versprach, Waldvogel in der Kunst des Färbens von Stoffen etc. zu unterweisen, und sich verpflichtete, dessen Kunst gegen jedermann und in jeder Weise **geheim zu halten.** Später (1446) verpfändete Waldvogel an den Juden David seine Mobilien, Kleider und Schriften (*quadraginta octo litteris gravitis in ferro*, das sind 48 in Eisen gegrabene Buchstaben). Ausserdem hatte Waldvogel sich 1444 mit

Am 2. Januar 1441 verbürgten sich *Johannes dictus Gensfleisch alias nuncupatus Gutenberg de Maguntia* und der Ritter Luthold von Ramstein als Mitschuldner für eine Rente von 5 Pfund Heller, welche der Waffenträger Johann Karle für eine Summe von 100 Pfund Heller dem Capitel der St. Thomaskirche verkauft hatte. Die drei Edelleute verpflichteten sich nach ihren Standesprivilegien zur Geiselschaft in einer Trinkstube.

Dieses Actenstück wurde nach Schöpflin von Prof. J. G. Scherz 1717 in den Archiven der Thomaskirche gefunden. Zum erstenmal wurde es 1720 von Schelhorn in seinem Buche *Amoenitates Literar.* t. IV, p. 304, erwähnt, der aber nur den Namen *Joannes dictus Gensfleisch alias nuncupatus Gutenberg de Maguntia Argentina commorans* anführte, um zu zeigen, dass Gutenberg und Gensfleisch ein und dieselbe Person gewesen sei.

---

einem aus der Diöcese Trier gebürtigen Schlosser Girard Ferrose zusammengethan und mit ihm sogar eine gemeinschaftliche Wohnung bezogen, doch gingen die Geschäfte so schlecht, dass Ferrose eine Wanduhr an einen Juden verpfänden musste. Bei der Trennung von Ferrose liess sich Waldvogel von diesem versprechen, niemand im Umkreise von zwölf Stunden die geheime Kunst zu offenbaren. Später erklärt Waldvogel vor dem Notar, dass er sich von einem gewissen Vitalis zwei ABC aus Stahl, zwei eiserne Formen, eine stählerne Schraube, 48 Formen aus Zinn und verschiedene andere Formen geliehen, welche er auf Verlangen sofort zurückzugeben verspricht. Schliesslich hat Waldvogel einen gewissen Georges de la Jardine in der geheimen Wissenschaft des künstlichen Schreibens unterrichtet und sich dafür 10, später 27 Gulden zahlen, auch Geheimhaltung dieser Kunst angeloben lassen.

Abbé Requin folgert hieraus: »Es genügt uns für den Augenblick, festgestellt zu haben, dass Avignon die erste Stadt nach Strassburg ist, die eine Buchdruckerei besessen hat, sowie dass Frankreich das erste Land ist, in welchem die neue Kunst Verbreitung fand, denn wenn auch damals Avignon unter der Herrschaft des Papstes stand, gehörte es nichtsdestoweniger doch Frankreich an.«

Da in Avignon erst 1497 gedruckt wurde, insbesondere aber aus den Jahren 1444—1446 keine Drucke vorliegen, da ferner 48 Buchstaben zum Druck in der damaligen Weise nicht ausreichten, weil ein Druck ohne Ligaturen undenkbar war (nicht einmal als Patronen lassen sich die *quadraginta octo litteris gravitis in ferro* erkennen), so ist der Schluss des Abbé Requin entschieden falsch. Dagegen hat er Recht, wenn er behauptet, wenn die von ihm veröffentlichten Documente nicht hinreichend klar befunden würden, so müsse man denselben Vorwurf gegen die Acten des Dritzehnschen Processes erheben. Wahrscheinlich sind die Avignoner Acten desselben Ursprungs wie die Strassburger.

Welcher Johann Gensfleisch befand sich 1441 zu Strassburg? Bei Frieles Sohn lag kar kein Grund vor, Mainz zu verlassen, und Georgs Sohn war seit 1437 in Mainz mit Jostenhofers Tochter verheiratet. Möglicherweise war er zu Strassburg auf Besuch und verbürgte sich mit seinen Freunden für eine Schuld, welche bezahlt worden zu sein scheint, denn man hat nichts mehr von ihr gehört. Anders verhält es sich aber mit einer Schuldurkunde desselben Thomasstiftes von 1442, wonach Johann, genannt Gensfleisch, auch Gutenberg, von Mainz, gemeinsam mit Martin Brechter, Bürger zu Strassburg, bekennt, dass beide solidarisch dem Stifte St. Thomas zu Kauf geben und auch für einen Kaufpreis von 80 Pfund Strassburger Pfennig zu Kauf gegeben haben einen jährlichen Zins von 4 Pfund gleicher Währung. Gutenberg bekennt sich insbesondere als Empfänger des Geldes, und dass er es gänzlich zu seinem Nutzen verwendet habe. Zur Sicherstellung gibt er dem Stifte mit dem Wiederverkaufsrechte eine Gülte auf die Stadt Mainz von 10 rheinischen Gulden, welche er von seinem Grossvater Johann Leheimer, weltlichen Richter zu Mainz, ererbt habe, und beschwört mit einem körperlichen Eide, dass sie ihm frei und unverpfändet zugehöre. Diese Urkunde soll sich gegenwärtig in der Bibliothek des protestantischen Seminars befinden, an ihr soll das Siegel Gutenbergs (siehe S. 101) hängen.

Ein Herr C. Schmid (*Nouveaux détails sur la vie de Gutenberg*) fand, dass die Zinsen dieses Darlehens bis 1458 gezahlt wurden. Die Rechnungen der Jahre 1443, 1444, 1447, 1448, 1449, 1451, 1452, 1454, 1456 fehlen, in den Rechnungen von 1445, 1446, 1450, 1453, 1457 wird zu jeder Zeit gesagt: Item Johan Gutenberg d' iiij lib., oder: Item Johann Guttenberg und Martin Brechter d' iiij lib., ferner 1461: dis ist der coften uff Martin Brehter und Johann Guttenberg. xiiij β dem Rotwiler botten von der Ladung gen Mentz. xiiij β vor dem verbietz brieff gen Mentz. ij β vi δ dem procurator. ij β vi δ in das ocht buch zu schriben. ij β umb den ocht brieff. iiij β umb ij verbietz brieffe. iiij δ dem heren Knecht trostung Martin Brehter obt zu sagen. Von 1468 steht neben der Aufführung: vacat, und im Jahre 1474: Johann Guttemberg und Martin Brehter in iiij lib. abegannt.

Der Darmstädtische Haus- und Staatsarchivar, Dr. G. Freiherr Schenk zu Schweinsberg, will gefunden haben, dass die Frau des Friele Gensfleisch, Mutter des Johann Gutenberg, eine Tochter des Werner Wyrich zu Mainz und die Gattin dieses Wyrich aus erster Ehe die Mutter des Mainzer Richters Johann Leheimer war; dieser war somit nicht Grossvater, sondern Stiefonkel des Johann Gutenberg.

Wenn diese Eintragungen des Thomascapitels echt sind, so zeugen auch sie gegen den Strassburger Process, denn jener Gutenberg, welcher 1438 auf fünf Jahre eine Actiengesellschaft für Steinepolieren, Spiegelmachen und andere derlei gewinnbringende Künste gebildet hatte, konnte während dieser fünf Jahre nicht so geldlos geworden sein, um ein Darlehen annehmen zu müssen. Doch auch hievon abgesehen, bleibt es unklar, was aus der Gülte des Grossvaters Leheimer geworden ist, welche ja die jährlichen Zinsen mehr als genügend deckte und als Pfand eines geistlichen Stiftes für jeden anderen unantastbar war.

Nach den Verzeichnissen des Helbelingszollbuches soll Gutenberg im Jahre 1439 eine Taxe gezahlt haben, blieb aber 12 Schilling schuldig, welche er am 24. Juni 1440 bezahlte. Er zahlte dann am 21. September 1443 und am 2. März 1444. In demselben Verzeichnis soll die Eintragung, »dass diesen Zoll gezahlt habe Ennel Gudenbergen«, ohne Jahr gestanden haben. Diese Eintragungen wurden zuerst von Schöpflin 1760 veröffentlicht. A. van der Linde hält die Eintragung der Ennel Gudenbergin für gefälscht.

Schliesslich soll Gutenberg an der Vertheidigung Strassburgs gegen die Armagnacs (1444) Theil genommen haben; in dem Verzeichnisse der Contingente soll es heissen: »Diese Nachgeschriebenen sind Zugesellen, die keine ganze Zunft haben: Hans Gutenberg, Andreas Heilmann etc.«

10. Gutenberg in Mainz.

Die glaubwürdigste Nachricht über den Erfinder der Buchdruckerkunst ist jene des Grafen v. Zimmern (S. 56), wonach Gutenberg ein habehafter, reicher Bürger war, welcher sein ganzes Vermögen aufwendete, bis ihm die Erfindung gelang. Diese Nachricht stimmt mit dem überein, was wir von der Familie Gänsfleisch wissen (auch in Specklins Strassburger Chronik wird von Gutenberg behauptet, dass er reich war), und es ist ganz natürlich, dass sowohl die Versuche als die Herstellung der Bibel damals ein Vermögen aufzehren konnten, aber nicht vergebens, denn wir wissen, dass ein Exemplar des Katholikon mit 41 Gulden bezahlt wurde, die dreibändige Bibel musste das dreifache, wenigstens 100 Gulden kosten, was bei 300 Exemplaren eine Einnahme von 30,000 Gulden ergab; mochte also die Herstellung 4000 Gulden (wie Schöffer dem Trithemius erzählte) und mehr gekostet haben, das Geld war nicht verloren, wenn es bei dem langsamen Absatz der theueren Bücher auch langsam einfloss.

Mit Zimmerns Nachricht ist unvereinbar, dass der Erfinder zu Strassburg eine Schuld von 80 Pfund aufgenommen habe, für die er einen Bürgen stellen und eine Rente von jährlichen zehn Gulden verpfänden musste, welche Schuld er niemals bezahlte. Damit ist aber auch unvereinbar, dass er 1448 in Mainz, völlig mittellos, durch einen Verwandten, Arnold Gelthus, bei Reinhard Brumsern und Henechin Rodenstein 150 Gulden borgen liess, wofür er sich zu 7½ Gulden an Gold jährlicher und ewiger wiederverkäuflicher Gülte verpflichtete. Auch diese Schuld soll weder von ihm selbst noch von Gelthus bezahlt worden sein, denn es liegt in der Mainzer Stadtbibliothek eine vom Jahre 1503 datierte Vidimierungsurkunde dieser Schuld vor, wonach dieselbe an Dhiel Hepp von Breythart, Schneider und Bürger zu Mainz, und Frau Elsse Clese Fresenheymers sel. hinterlassene Wittwe übertragen worden war. Diese Urkunde wurde zuerst von Schaab veröffentlicht, nachdem sie in Bodmanns Händen gewesen war, welcher darauf schrieb: *Ad Historiam Typographiae inventae.* Mit dieser Urkunde ist wieder nicht vereinbar, dass Adam Gelthus dem Manne, welcher seinen Verwandten, vielleicht seinen Vater selbst, in Zahlungsunfähigkeit brachte, einen Denkstein gesetzt haben soll (siehe S. 69). Es scheint fast, es habe Professor Bodmann seine Kunst, die Schrift des XV. Jahrhunderts getreu nachzumachen, hier mit dem besten Erfolge versucht.

Wie konnte ein so unbemittelter Mann daran denken, eine Bibel zu drucken, für welche bei 300 Auflage das Papier allein zum mindesten 550 Gulden, vielleicht das Doppelte und Dreifache kostete? Dziatzkos Untersuchungen haben erwiesen, dass schon in der ersten Lage eine Vermehrung der Auflage eingetreten ist, mochten auch anfangs weniger Exemplare in Aussicht genommen sein, im Verlaufe des Druckes dürfte die Auflage die Höhe der bei den ersten Drucken üblichen Zahl von 300 erlangt haben. Nehmen wir an, dass Gutenberg seine Buchstaben selbst schnitzte; gesetzt und gedruckt wird er seine Bibeln wohl nicht haben. Luschner erschien in Montserrat mit Farbenmachern, Setzern und Druckern; auch Trithemius sagt, dass die Kunst ohne Gehilfen nicht ausgeübt werden konnte (siehe S. 75) und wir wissen, dass im XVI. Jahrhundert sich der Tagelohn eines Druckers auf einen Gulden belief, ebenso der eines Setzers;[1] im XV. Jahrhundert wird derselbe nicht geringer gewesen sein, zumal als Setzer Kleriker und Buchhändler verwendet wurden, welche Universitätsangehörige waren; und da nach Lignamine täglich 300 Blätter gedruckt wurden, so waren für die 882 Blätter der Bibel 882 Arbeitstage nöthig, welche 1764 Gulden Tagelohn ausmachten. Es kosteten also 300 Bibeln an Papier und Druck allein

---

[1] Frankfurter Buchdruckerverordnung von 1563 in meiner »Illustrierten Geschichte der Buchdruckerkunst«, S. 335.

zum mindesten 2314 Gulden ohne Farbe, ohne Corrector und ohne Rubricierung und Illuminierung, welche letztere, nach der Bibel der k. k. Hofbibliothek in Wien zu urtheilen, keine Sparung der Kosten erkennen lässt.

Nun erzählt zwar die Legende, der geldarme Gutenberg habe einen reichen Bürger Fust zu Mainz gefunden, welcher ihm das nöthige Geld lieh, und es ist wirklich eine Urkunde vorhanden, welche diese Sage bestätigt. Diese Urkunde, deren Original jüngst von Herrn K. Dziatzko in der Göttinger Universitätsbibliothek aufgefunden wurde (siehe S. 81), lautet:

In gottes namen amen Kunt sy allen den die dieß offen Instrument sehent oder horent lesen Das des Jars als man zalt nach xpi vnsers hern geburt dusent vierhundert vnd funffvndfunffzigk Jar In der dritten Indiction uff dornstag der do was der feste dag des mondes zu latin genant nouember Cronung des allerheiligsten in gott vater vnd hern vnsers hern Calixti von gotlicher vorsichtikeit des dritten babstes in dem ersten Jar Zuschen eilfften vnd zwelff vwern in mittemdage zu menc3 zu den barinssen in dem großen resender In myn offenbar schriber vnd der gezugen hernach benent gegenwerticleit personlich ist gestanden der Ersam vnd vorsichtig man Jacob fust burger zu menc3 vnd von wegen Johannis fust sines bruders auch do selbst gegenwerticlichat vorgeleget gesprochen vnd offenbart / wie zuschem dem itzgenant Johan fust sinem bruder uff ein vnd Johan gutenberg uff die ander parthy dem itzgenanten Johann gutenberg zu sehen vnd zu horen solchen eydt dem genanten Johann fust nach lude vnd inhalt des rechtsspruchs zwischen beden parthyen geschehen beschriben vnd offgesac3t durch den selben Johann fust thun ein entlicher tag uff hude zu dieser stunde In die couent stuben do selbst gesetzt gestempt vnd benent sy Vnd off daz die bruder deß itzgenanten closters noch in der couent stuben versamelt nit bekummert nach beswert werden / ließ der genant Jacob fust durch sin boden in der egemelten stuben erfragen / ob Johann gudenberg oder ymant von sint wegen in dem closter in obgerurter maiß wer daz er sich zu den sachen schicken well Noch solcher schickung vnd fragung qwamen in den gemelten resender der ersame her henrich Guntheri etwan pfarrer zu sant cristofors cju Menc3 Heinrich keffer vnd Bechtolff von hanauwe diner vnd knecht deß genanten Johann gutenberg Vnd nachdem sie durch den genanten Johann fuste gefraget vnd besprochen worden waz sie do reden vnd war vmb sie do wern Ob sie auch in den sachen macht hetten von johan gnttenbergs wegen Antwerten sie gemeinlich vnd in sunderheit sie weren bescheiden von Irm Junchern Johann guttenberg zu horen vnd zu sehen was in den sachen geschehen wurd / dar noch Johan fust verbottet vnd bezuget daz er dem tag genugt thun well noch dem er offgenumen vnd gesatzt wer / vnd er auch sins widderdeyls Johann gutenbergs vor zwelff uwern gewartet het vnd noch wartet der sich dan selbes zu den sachen nit gesuget hett Und beweyst sich do bereit vnd wolfertigk dem rechtspruch ober den ersten artickel siner ansprach geschen noch inhalt des selben gnug zu thun / den er von wort zu wort alsoo ließ lesen mitjampt der clage vnd entwert vnd lndet alsus Vnd als dan Johan fust dem obgenanten Johan gutenberg zu gesprochen hait Zum ersten als

10

in dem zettel irs oberkummes begriffen sy das er Johan gutenberg achthundert gulden
an golde vngeuerlich verlegen domit er das werck volnbrengen solt vnd ob das me oder
mynner koft ging yen nit an Vnd das Johann guttenberg ym von den selben achthundert
gulden seß gulden von yedem hundert zu solde geben soll Nu hab er ym solch achthundert
gulden uff gulte uffgenummen vnd ym die geben dar an er doch kein genugen sundert
sich beklaget das er der achthundert gulden noch nit habe Also hab er ym ye wellen
ein gnugen thun vnd hab ym vber die selben achthundert gulden noch achthundert
gulden me verlacht dan er ym noch lude des obgemelten zettels pflichtigk sy geweft vnd
also hab er von den achthundert gulden die er ym vberig verlacht hat hundert vnd
viertzigk gulden zu solde mußen geben vnd wie wol sich der vorgenant Johann guttenberg in der obgenanten Zettel verschrieben hait das er im von den erften achthundert
gulden von yedem hundert seß gulden zu solde geben soll So hab er ym doch solchs
keyns Jars uffgeracht / sunder er hab solches selber mußen beczalen das sich driffet an
dritthalp hundert gulden zu guter rechnung vnd want nu Johann guttenberg ym solchen
solt nemlich die seß gulden gelts von den erften achthundert vnd dan auch den solt von
den vberigen achthundert gulden nye uffgeracht noch beczalt hab vnd er den selben solt
furter vnder Criften vnd Inden hab mußen uffnemen vnd do rou Seßvnddryßig gulden
vngeuerlich zu guter rechnung zu gesuch geben daz sich also zusammen mit dem heubpt-
gelt vngeuerlich drifft an zweytusend vnd zwenczig gulden vnd furdert ym solchs als
an sin schaden uffzurichten vnd beczalen zc. Dar uff Johan guttenberg geantwert hat
daß ym Johann fnft acht hundert gulden verlacht solt hain mit solchem gelde er sin
gerzuge zurichten vnd machen solte vnd mit solchem gelt sich zu freden vnd in sinen
nocz verftellen mochte vnd solche gerzuge des egenanten Johann pffant sin solten vnd
das Johannes ym jerlichen dryhundert gulden vor koften geben vnd auch gesinde sone
hußzinße permet papier dinte zc. verlegen solt wurden sie alsdan furter nit eins so solte
er ym sin acht hunden gulden widdergeben vnd solten sine gerzuge ledig sin Do by wol
zuuerfteen sy das er solch werck mit sinem gelde das er ym uff sin pffande geluhen
hab volnbrengen solt vnd hoff das er ym nit pflichtig sy geweft solch achthundert gulden
uff das werck der bucher zulegen Vnd wie wol auch in dem czettel begriffen sy das er
ym von yedem hundert Seß gulten zu gulte geben soll So hab doch Johannes fuft ym
zugesagt vnd in solcher versoldunge nit begere von ym zunemen So sin ym auch solch
achthundert gulden nit alle vnd alßbalde nach inhalt deß zettels worden als er das in
dem erften artickel siner ansprach gemeldet vnd fur gewant hab vnd von der vberigen
acht hundert gulden wegen begert er ym ein rechnung zuthun So geftett er auch ym keins soltes
noch wuchers vnd hofft ym Im rechten dar vmb nicht pflichtigk sin zc. Wie dan solch aufsprach
antwurt widderred vnd nachrede mit den vnd viel andern worten geludet hait Do sprechen
wir zum rechten Wan Johann guttenberg rechnung gethan hat von allen Innemen vnd
uffgeben daß er uff daz werck zu irer beider nocz uffgeben hait was er dan nun gelts dar uber
enpfanngen vnd ingenummen hait das sall in die achthundert gulden gerechennt werdeun
wer es aber das sich au rechnung erfinde das er ym me dan acht hundert gulden her
uß geben hette die nit in ieren gemeinen nocze kummen wern sall er ym auch widder
geben vnd bringt Johannes fuft by mit dem eyde oder redlicher kuntschafft das er das
obgeschrieben gelt uff gulte uffgenummen vnd nit von sinem eigen gelde das geluhen
hat So sall im Johann gutenberg solch gulde auch uffrichten vnd beczalen nach lude
deß zettels Do solch rechtspruch als itzgemelt ist in bywesen der vorgenanten hern heinrichs zc. heinrichs vnd Bechtolffs diener des genanten Johann guttenbergk gelesen wart

Helmasperger-Urkunde.

Der iczgenante Johann fust mit uffgigenden fyngern lyplichen uff die heilgen in myner offenbar schribers hant das alles in einem zettel noch Inhe des rechtspruchs den er mir dan alfo ubergap begriffen gancz war vnd gerecht wer swure geredt vnd gelubt als ym got soll helffen vnd die heilgen engeuerlich vnd ludet der egenant Zedel von wort czu wort alfo Ich Johannes fust han ufgenummen Sechczendehalp hundert gulden die Johann guttenberg worden vnd auch uff vnfer gemein werg! gangen fint Do von ich dan Jerlichs gult folt vnd schaden geben han vnd auch noch eins teils biß her schuldig bin Do rechen ich vor ein iglich hundert gulden die ich alfo ufgenommen hain wie ob geschrieben stet Jerlich Seß gulden was ym deß felben ufgenummen geldes worden ift das nit uff vnfer beder werck gangen ift das fich in rechnung erfindet do von heifchen ich ym den folde noch Inhe des spruchs vnd das das alfo ware fy will ich behalten als recht ift noch lude deß vßspruchs uber der ersten articfel myner anspruch So ich an den obgenanten Johan guttenbergen gethan han Ober vnd uff alle obgerurte fach begeret der obgemeldet Johannes Fuft von mir offenbarschriber eins oder mer offen Instrument So vill vnd dick ym deß noit wurde Vnd find alle obgeschrieben fachen gescheen In den Jare Indictien dag ftund babstumme Cronung monet vnd ftade obgenant in bywesen der Erfamen menner peter granß Johann fift Johann furoff Johann yfenecf Jacep fuft burger zu menez peter Girnßheim vnd Johannis Bonne clericfen menczer Stadt vnd Biftums czu gezugen funderlichen gebeden vnd geheifchen.

Hier folgt mit anderer Tinte und anderer Schrift:

Vnd ich vlrich helmafperger Clericf Bamberger Biftoms von feyferlicher gewalt offen schriber vnd des heilgen Stuls czu Mencze gesworn notarius / want ich by allen obgemelten punten vnd artiefeln wie obgeschriben fteet mit den obgenanten geczugen geweft bin vnd fie mit han gehort / Hirumb han ich diß offen Instrumentum durch einen andern geschriben / gemacht / mit myner hant vnderschriben / vnd mit mynem gewonlichen czeychen geczeichent geheischen dar ober vnd gebeden in geczugniße vnd warer orfunde aller vorgeschribenen ding. (Schlusszeichen.)

Wie in den Strassburger Processurkunden, sind auch in dieser Urkunde offenbare Widersprüche enthalten. Während Fust erklärt, Geld zu einem ihm gleichgiltigen Unternehmen geliehen zu haben (ob es mehr oder weniger koste, ginge ihn nichts an), behauptet Gutenberg und nimmt das Gericht an, dass es sich um ein gemeinschaftliches Unternehmen handelte. Fust gibt an, dass er, weil sich Gutenberg beklagte, die versprochenen 800 Gulden nicht voll erhalten zu haben, demselben (nicht etwa das Fehlende ergänzt, sondern) nochmals 800 Gulden gegeben habe. Gutenberg erklärt, die ersten 800 Gulden empfangen zu haben, um damit sein Werkzeug zu richten, welches dem Fust als Pfand dienen sollte; da aber der Abt von St. Ulrich zu Augsburg 1472 fünf Pressen für 73 Gulden kaufte, und wie oben S. 75, Nr. XXII erwähnt, die Lettern nur 200—300 Gulden kosteten, so war der Preis für das Werkzeug viel zu hoch und das Pfand dem Werte nicht entsprechend. Weiters gibt Gutenberg an, dass sich Fust verpflichtet habe, ihm jährlich 300 Gulden Lohn zu zahlen, sowie Gesindelohn, Hauszins, Pergament und Papier zu bestreiten; da er aber angibt, hiezu die weiteren 800 Gulden verwendet zu haben, so reichen die zu Gesindelohn etc. bestimmten 500 Gulden für Papier und Gesindelohn (letzterer jährlich wenigstens 600 Gulden) nicht aus. Sonderbar ist es, dass derselbe Gutenberg, welcher nach den Strassburger Urkunden dem St. Thomasstift bereitwillig fünf Prozent Zinsen zugestand und demselben eine Gülte von 10 Gulden, was also $12^1/_2$ Procent ausmacht, verpfändete, der auch bei dem Gelthusschen Darlehen fünf Prozent zu geben versprach, sich weigerte, dem Fust die sechs Prozent zu ersetzen, welche ja aus dem Gewinne des gemeinschaftlichen Unternehmens leicht bestritten werden konnten. (Es ist auch unbegreiflich, wie Dr. van der Linde noch den Fust wegen dieser sechs Prozent als Wucherer verschreien konnte, da Fust beschwor, das Geld selbst gegen diese Zinsen aufgenommen zu haben.) Schliesslich ist es unbegreiflich, dass Fust nicht die zu druckenden Bücher mit Pfand belegte, sondern nur das Werkzeug, wie sich denn Gutenberg dagegen wehrt, dass das Pfandrecht auf die Bücher ausgedehnt werde. Man darf nicht sagen, dass man im XV. Jahrhundert keine vernünftigen Verträge zu machen verstand; wir kennen die Druckverträge des Zaroto in Mailand (1472) und des Luschner in Montserrat (1498), welche jeden Verlust des Buchdruckers ausschlossen.[1]

Es fragt sich nun: Ist diese Urkunde echt?

Wenn Johann Gutenberg, wie man gewönlich annimmt, der Sohn Frieles war, so konnte er als Sohn eines Hausgenossen und zu jener Zeit vielleicht selbst Hausgenosse, gar nicht geklagt werden, ausser beim Erzbischof und dem Gerichte, welches dieser dazu bestimmte, oder wenn er freiwillig auf sein Vorrecht verzichtete. Letzteres ist umsoweniger anzunehmen, als er nach der Urkunde der Eidesablegung

---

[1] Ich habe diese Verträge in meiner ›Illustrierten Geschichte der Buchdruckerkunst‹, S. 87 ff. vollinhaltlich veröffentlicht.

trotzig fernblieb. Eine Delegirung hätte aber, um die Urkunde nicht ungiltig erscheinen zu lassen, in dem Notariatsinstrument ausdrücklich bemerkt werden müssen. Es erscheint somit diese Urkunde von vornherein bedenklich.

Wie aber bei den Strassburger Processurkunden ein geschichtlicher Verstoss die Glaubwürdigkeit derselben über den Haufen warf, so steht auch der Helmaspergerschen Urkunde eine geschichtliche Thatsache entgegen. Während nämlich am 6. November 1455 Fust einen Eid abgelegt haben soll, auf Grund dessen der Gesellschaftsvertrag zwischen Fust und Gutenberg aufhörte und Gutenberg verpflichtet wurde, dem Fust das Kapital nebst Zinsen zurückzuzahlen, widrigenfalls Fust die Druckerei des Gutenberg pfänden konnte, beweisen die vom 15. November 1454 und 27. Februar 1455 datirten gedruckten Ablassbriefe, dass schon zum mindesten ein Jahr früher die Gesellschaft Gutenberg-Fust sich aufgelöst hat und dass Fust schon 1454 mit den Typen der 42zeiligen Bibel druckte.

Der Einzige, der diesen Widerspruch begriffen hat, ist Herr Dziatzko. Er nimmt an, dass die 42zeilige Bibel das gemeinsame Werk von Gutenberg und Fust sei, dass die verpfändeten Typen der 42zeiligen Bibel dem Fust anheimfielen, dass die Ablassbriefe beiderlei Art (der 31zeilige und der 30zeilige) noch vor dem Processe in derselben Druckerei gedruckt wurden und er erklärt die Verschiedenheit der Typen damit, dass die ersten Typen mit der ersten Auflage an den Auftraggeber abgeliefert gewesen seien, als die Bestellung der zweiten Auflage erfolgte, für welche neue Stempel, Matrizen und Lettern hergestellt wurden, und endlich nimmt Herr Dziatzko an, dass Gutenberg die 36zeilige Bibel erst nach dem Processe gedruckt habe.

Aber Herr Dziatzko hat bei dieser scharfsinnigen Anordnung der Ereignisse ganz übersehen, dass sowohl 31zeilige als 30zeilige Ablassbriefe die gedruckte Jahreszahl 1454 und 1455 tragen, also unmöglich behauptet werden kann, einer der Ablassbriefe, gleichviel welcher, sei die zweite Auflage des anderen, vielmehr wurden beide Ablassbriefe zu gleicher Zeit im Jahre 1454, und von beiden Ablassbriefen neue Auflagen (1455) gedruckt. Hiemit stimmt überein, dass sich in dem einen Ablassbriefe als Auszeichnungsschrift die Typen der 36zeiligen Bibel, in dem anderen zu gleichem Zwecke die der 42zeiligen Bibel befinden. (Herr Dziatzko hat nicht beachtet, dass von einer etwaigen Ablieferung nur die Texttypen betroffen werden konnten, nicht die Auszeichnungsschrift, welche zum Bibeldrucke gebraucht wurde, und dass bei dem Vorgange, welchen er im Auge hat, wenigstens dieselbe Auszeichnungsschrift verwendet worden wäre.)

Es kann hienach kein Zweifel sein, dass schon ein Jahr vor der Helmaspergerschen Urkunde zwei Druckereien zu Mainz bestanden, von denen die eine zu gleicher Zeit »Eine Mahnung der Christenheit wider die Türken« mit den Typen der 36zeiligen Bibel, die andere die 1456 beendete 42zeilige Bibel druckte. Es ist ferner zweifellos, dass die Druckerei, in welcher die 42zeilige Bibel gedruckt wurde, dem Fust gehörte (siehe S. 34); es entsteht nun die Frage: Wie gelangte Fust in den Besitz dieser Typen und überhaupt in den Besitz einer Druckerei? Denn dass Fust auf Grundlage des Helmaspergerschen Instruments im November 1455 in den Besitz dieser Typen kam, welche er schon ein Jahr früher besass, ist unmöglich.

Fust konnte in den Besitz einer Buchdruckerei gelangen, entweder indem er sich, wie Caxton zu Cöln, gegen Entgelt in das Geheimnis der Erfindung einweihen liess und dann eine eigene Buchdruckerei errichtete, oder dass er Gutenberg Geld lieh, sich dafür Lettern und Werkzeuge verpfänden liess und dann Gutenberg nöthigte, wegen Zahlungsunfähigkeit ihm das gepfändete Gut eigenthümlich zu überlassen. Die erstere Annahme ist unwahrscheinlich, die zweite ist denkbar. Aber in diesem Falle waren es nicht die Typen der 36zeiligen Bibel, welche in Fusts Eigenthum übergingen, denn mit diesen wurde noch 1456 in Mainz gedruckt und später gelangten sie, wie es scheint, abgenützt und fast wertlos, in den Besitz Pfisters in Bamberg (siehe S. 34). Es ist somit nur anzunehmen, dass Gutenberg, nachdem er sein Vermögen in das Unternehmen der 36zeiligen Bibel gesteckt hatte und bei dem langsamen Verkauf dieses theuren Werkes erst langsam wieder zum Ersatz des darin angelegten Vermögens gelangen konnte, aber vom Erfindungsfieber getrieben, eine neue Art der Buchstabenherstellung unternehmen wollte, von Fust Geld annahm, um die 42zeilige Bibel herzustellen, wofür sich Fust jedoch nicht blos das Werkzeug, sondern auch die gedruckten Bogen verpfänden liess. Gutenberg mochte auf diesen Handel eingegangen sein, in der sicheren Erwartung, aus dem Erlöse der 36zeiligen Bibel sein Eigenthum bald pfandfrei zu machen, aber Fust wartete nicht so lange, klagte und gewann den Process. Nur muss dies viel früher erfolgt sein als im Jahre 1455 und nicht in der Weise der Helmaspergerschen Urkunde.[1])

Das sind allerdings nur Vermuthungen, aber mehr als Vermuthung ist es auch nicht, wenn behauptet wird, Fust habe dem Gutenberg die Druckerei weggenommen und dieser habe mit fremdem Gelde eine neue Druckwerkstätte einrichten müssen. Dieser Vermuthung steht die Thatsache entgegen, dass 1454 neben der Fustschen eine zweite Druckerei bestand, welche die Typen der 36zeiligen Bibel besass und deren Ablasstypen sehr wohl mit dem Gelde erzeugt werden konnten, welches für den Druck dieser Ablassbriefe bezahlt wurde. Hiefür brauchten keine Schulden gemacht zu werden und der Gewinn war ein sicherer.

War aber Gutenberg der Besitzer dieser Druckerei? Wir wissen es nicht und es ist sogar Grund, daran zu zweifeln, weil Lignamine bei dem Jahre 1457 Jakob Gutenberg als Mainzer Buchdrucker neben Johann Fust nennt (siehe S. 62, Nr. X). Nach Faust von Aschaffenburg soll Gutenberg sich nach dem Streite mit Fust zornig nach Strassburg begeben haben und es wäre nicht unmöglich, dass Gutenberg seine Druckerei seinem Verwandten Jakob von Sorgenloch überliess und in Strassburg den Mentel in die Buchdruckerkunst einweihte, dessen um 1460 vollendete lateinische Bibel der Fustischen 42zeiligen Concurrenz bereitete. Hieraus würde sich auch die Strassburger Sage erklären, wonach Mentel sehr betrübt darüber

---

[1]) Der k. k. Archivar im k. k. Haus-, Hof- und Staatsarchiv zu Wien, Herr Dr. G. Winter, welcher die Correcturbogen dieses Werkes zu lesen so freundlich war, schrieb dem Verfasser nach Prüfung der Photographie dieser Urkunde: »Nach seinen äusseren Formen wird jedermann das Document für echt halten. Freilich, das Schwergewicht der von Ihnen dagegen zur Geltung gebrachten inneren Gründe lässt sich keineswegs verkennen.«

wurde, dass Johann Gensfleisch ihn verliess und nach Mainz zurückkehrte. Freilich kann auch Trithemius Recht haben, dass Mentel mit Gutenbergischen Gehilfen seine Druckerei errichtete. Allerdings scheint die Legende von dem geldarmen, schuldenmachenden, trotz aller Arbeit auf keinen grünen Zweig kommenden Erfinder eine Bestätigung in einer Abschrift einer Urkunde zu erhalten, welche sich in dem jetzt zu Würzburg aufbewahrten Theile des Archives der Mainzer Erzbischöfe vorfindet. Hier kommt unter Urkunden aus den Jahren 1463—1473, sich unmittelbar an eine Urkunde vom Jahre 1467 anschliessend, folgende Abschrift vor:

eynen verpflichtunges brieff
Doctor Homerij

Ich Conradt Homery doctor Bekennen mit diesem brieff so als der Hochwirdige furste myn gnediger lieber her Adolff Erhbischoff zu Mentz mir etliche | formen buchstaben Instrument gezauwe vnd anders zu dem trucwerck | gehorende das Johann Gutemberg nach sinem tode gelaissen hait vnd myn | geweist vnd noch ist gnediglich folgen layßen hait. Dass Ich dargegen synen | gnaden zu eren vnd zu gefallen mich verpflichtiget han vnd verpflichtige | mit diesem brieff Also weres das Ich soliche formen vnd gezüge zu | trucken gebruchen worde nu oder hernach das Ich das thun will vnd | sall bynnen der Stat Mentz vnd nyrgent anderswoe desglichen ob Ich sie | verkeuffen vnd myr eyn burger danor souiel geben wolte als eyn fromder | So will vnd sall Ich das dem Jngesessenen Burger zu Mentz vor allen | fromden gonnen vnd folgen layßen vnd han des alles zu vrkunde myn | Secret zu ende dieser schrifft getruckt der geben ist des Jars als man | schrieyb nach der geburt xpi vnsers hrn Mcccc vnd lxviij Jare off | frytag nach Sant Mathys dag |

Hienach habe sich Gutenberg bei seinem Tode im Besitze von Druckwerkzeugen und Typen befunden, welche dem Anwalt der Stadt Mainz, Dr. Homery, gehörten. Wir müssen alle Bedenken, dass dieser Homery, welcher nach der Chronik der entschiedenste Gegner der Geschlechter und der Führer der Zünfte in dem Streite mit jenen war, einen Sprössling der Geschlechter unterstützte, bei Seite lassen, denn die Echtheit dieser Eintragung wird auch von Hessels, der das Archiv eingesehen hat, nicht bezweifelt, aber es fragt sich, was für Typen das gewesen sind und was Gutenberg damit gedruckt haben soll, und auf diese Frage finden wir keine Antwort.

Man behauptet zwar, es seien die Typen gewesen, mit denen das Katholikon 1460 gedruckt worden sei, aber diese Typen kommen ausser in zwei kleinen undatierten Werken: *Summa de articulis fidei* und *Tractatus racionis et conscienciae*, noch in einem Ablassbriefe von 1461 und in dem *Vocabularium ex quo* vom Jahre 1467 (zweite Auflage mit gleichen Typen 1469) vor, in dessen Schlussschrift es heisst, dass dasselbe von Henricus Bechtermuncze begonnen und nach dessen Tode von Nycolaus Bechtermuncze und Wygand Spyesz vollendet wurde. Die Verwandtschaft der Bechtermünze mit Jakob von Sorgenloch, welcher mit einer Else Bechtermünze verehelicht war, lässt die Nachricht des Lignamine, dass Jakob Gutenberg (d. i. Jakob von Sorgenloch) 1457 Buchdrucker zu Mainz war, sachentsprechend erscheinen, aber weder Jakob von Sorgenloch, noch die Bechtermünze können so unbemittelt gewesen sein, dass sie mit geborgten Typen druckten, und Gutenberg hatte kein Recht, Typen, welche nicht ihm gehörten, sondern dem Dr. Homery, seinen Verwandten zu leihen und durch Abnützung entwerten zu lassen. Andere Typen als die der 36zeiligen Bibel und die Katholikontypen finden sich in anderen als Fust-Schöfferschen Drucken zu Mainz bis zum Jahre 1468 nicht vor, und somit bleibt es unerfindlich, welche Typen sich in Gutenbergs Verlassenschaft als Eigenthum Dr. Homerys vorfanden.

Dagegen geben die Typen des Katholikon zum Nachdenken über eine andere Thatsache Anlass. Wir haben 1454 neben der Gutenbergischen eine zweite Druckerei in Mainz gefunden, welche dem Johann Fust gehörte. Im Jahre 1457 erschien der Psalter, in dessen Unterschrift Fust und Schöffer (siehe S. 57) als Drucker genannt werden, deren vereinigtes Wappen diesen und späteren Büchern derselben beigedruckt ist. Man ist der Meinung, dass Schöffer ein Gehilfe Gutenbergs war, dessen technische Befähigung es dem Fust ermöglichte, eine eigene Druckerei zu errichten, da Fust nach seiner Aussage in der Helmaspergerschen Urkunde nur ein Geldleiher war und gar nichts von der Buchdruckerei verstand. Das steht aber in Widerspruch mit den Versen in Justinians Institutionen (siehe S. 60, Nr. VIII), wonach Gutenberg und Fust gemeinsam schnitzten und Peter Schöffer erst später zur Buchdruckerkunst gekommen sei. Im Psalter tritt Schöffer als Geschäftstheilhaber auf, und wenn er später von Fust sein Diener genannt wurde, so konnte sich dies nur darauf beziehen, dass er von Fust in der Buchdruckerei unterrichtet worden war. Vergleichen wir nun die Arbeiten der beiden Mainzer Druckereien, so finden wir einen auffallenden Unterschied in der Leistungsfähigkeit derselben, wie aus folgender Gegenüberstellung hervorgeht:

Gutenberg (?).	Fust-Schöffer.
1457 Lateinischer Kalender. Einblatt.	1457 Psalter.
	1459 Durandi *Rationale*.
	1459 Psalter, 2. Aufl.
1460 Katholikon.	1460 Clemens, *Constitutiones*.
1461 Ablassbrief.	1461 Mehrere Manifeste und Bullen.
	1462 *Biblia latina*.
? St. Thomas de A., *Summa de art. fidei*.	1462 Manifeste
	1464 *Bulla cruciata*.
? *Tractatus racionis*.	1465 Bonifacius VIII. Lib VI. *Decret*.
	1465 Cicero, *de officiis*.
	1466 *Gramm. vet. rhyt*.
Bechtermünze.	1466 Cicero, *de officiis*, 2. Aufl.
1467 *Vocabularium ex quo*.	1467 Clemens, *Constitutiones*, 2. Aufl.
	1467 St. Thomas de A., *Secunda sec. p.*
	1468 *Gramm. vet. ryth.*, 2. Aufl.
	1468 Justiniani *Institutiones*.
1469 *Vocabularium*, 2. Aufl.	1469 St. Thomas de A., *Expositio*.

Den Bechtermünze kann nur ein einziges Werk mit Bestimmtheit zugeschrieben werden: das *Vocabularium*, möglicherweise druckten sie auch die beiden undatierten Schriften, aber warum nicht mehr, da doch die ganze scholastische und classische Literatur der Vervielfältigung harrte und in Strassburg, Cöln und Rom ununterbrochen gedruckt wurde? Mangel an Arbeit konnte also nicht die Schuld an der schwachen Leistungsfähigkeit sein, Mangel an Geld bei diesen wohlhabenden Bürgern auch nicht, es gibt nur die eine Erklärung: dass die Bechtermünze nicht gewerbsmässig, sondern aus Liebhaberei sich mit der Buchdruckerkunst beschäftigten. Dasselbe dürfte der Fall bei Jakob von Sorgenloch gewesen sein, welcher der wahrscheinliche Drucker des Katholikon ist.

Fasst man aber den Erfinder der Buchdruckerkunst als geldarmen und geldbedürftigen Mann auf, welcher genöthigt war, sich mit mechanischen Arbeiten seinen Lebensunterhalt zu verdienen, so tritt die obige Frage noch verstärkt auf: Warum verwendete er nicht fleissig Dr. Homerys Typen, um sich Geld zu verdienen? Faul kann doch nicht der Mann gewesen sein, der solch eine mühsame Erfindung ausführte. Dr. Homery war gelehrt genug, um seinem Schuldner Bücher zu bezeichnen, mit deren Druck er viel Geld verdienen konnte. Das Strassburger Märchen, dass der Erfinder in Alter blind geworden sei, ist nicht zu beachten, denn wenn Gutenberg 1413 geboren war und 1467 starb, so war er nur 54 Jahre alt geworden. Es ist sehr wahrscheinlich, dass Gutenberg nicht nothwendig hatte, sich für Geld abzumühen; der Verkauf der ersten Bibel musste ihm allein schon ein Vermögen einbringen, von welchem er reichlich leben konnte, und möglicherweise war ihm die Ausübung der Buchdruckerkunst durch den Streit mit Fust so verhasst geworden, dass er seine Buchdruckerei seinen Verwandten überliess. Er hatte für seine Unsterblichkeit genug gethan, dass er die grösste Erfindung aller Zeiten durchgeführt hatte, die Ausbeutung derselben mochten Andere besorgen.

Ob Gutenberg verheiratet war und Kinder hatte, wissen wir nicht, weil wir nicht wissen, ob er der Sohn Frieles oder der Johann von Sorgenloch war; dass seine Kinder, wenn solche vorhanden waren, die Buchdruckerei fortsetzten, war nicht nothwendig; der Sohn des Fust, Namens Johann, soll Geistlicher geworden sein. Zudem mochten e Umstände, welche den Vater veranlassten, die Buchdruckerei nicht fortzusetzen, die Kinder noch mehr darin bestärken.

In einem Helmaspergerschen Notariatsact vom Jahre 1457, in welchem Dyelnhenne, Einwohner zu Bodenheim, das Schlüsselsche Gut allda an Johann Gensfleisch den Jungen verkauft, kommt Johann Gutenberg als Zeuge vor. Würdtwein, welcher den Act zuerst veröffentlichte, las zwar den Vornamen Petro, Schaab schrieb Johe; Herr Dr. Arthur Wyss war so freundlich, mir zu bestätigen, dass der Name »Johanne Gudenberg« lautet. Klarheit in die Erfinderfrage bringt jedoch diese Urkunde nicht, es ist sogar unerfindlich, wer dieser Johann Gensfleisch der Junge, dem Johann Gutenberg als Zeuge zur Seite steht, war.

Schliesslich sei noch die Urkunde erwähnt, durch welche Kurfürst Adolf II. von Mainz Johann Gutenberg unter seine Dienstleute aufnimmt. Sie lautet nach Köhler:

Wir Adolf erwelter und bestetigter Ertzbischof zu Mentze bekennen ꝛc. das wir haben angesehen annemige vnnd willige dienst, die uns vnd vnserm Stifft vnser lieber getruwer Johann Gudenberg gethan hait, ꝛc. darumb vnd van besundern gnaden wir ine zu vnserem dhiener und hoffgesind vffgenommen vnd entphahen ꝛc. Wir sollen vnd wollen ime auch solichen dienst, dwile er lebet, nit vffsagen, vnd vff solichs dienstes deste bos genesen moge, so wollen wir ime alle iar vnd eyns iglichen iars, wan wir vnsern gemeinen hoffgesind kleyden werden, zu iglichen zyten, glich vnserm Edelen kleyden, vnd vnsser hoffkleydung geben laissen, vnd alle iare eins iglichen iars zwentzigk malter korns vnd zwey fuder wins, zu gebrauchung sines huses, doch, das er die nit verkeuffe, oder verschengke, fry ane vngelt, nyderlage vnd weggelt in vnser Statt Mentze ingeben laissen, ine auch dwile er lebt vnd vnser dhiener sin vnd bliben würdet, wachens, rolge ꝛc dienst, schatzung vnnd anderer in gnaden erlaissen. vnd hat uns darüber der egenant Johann Gudenberg in truwen gelobt ꝛc. Eltvil am dornstag Sant Antonien tag MCCCCLXV.

Wenn man vielleicht meinen sollte, der Kurfürst habe damit einem verarmten Erfinder eine Pfründe verliehen und seine Erfindung ehren wollen, so möchte man sich damit gewaltig irren. Eine solche Hofstelle wurde nur Bürgern verliehen, welche durch ihr Geschlecht und ihre Verdienste ausgezeichnet waren, wie denn der Kurfürst Albert im Jahre 1483 unter 11 Adeligen auch einen Johann von Sorgenloch, genannt Gensfleisch zu seinem Ministerialen oder Diener ernannte. Gerade diese Auszeichnung lässt uns den Erfinder in seinen letzten Lebensjahren als einen angesehenen, vermögenden Mann erkennen, und so scheiden wir denn von den Untersuchungen des wenig bekannten, durch die Urkunden mehr verzerrten als erhellten Lebens des Erfinders mit der Ueberzeugung, dass dieser Mann, dessen grossartigen Erfolgen zwar die Schatten des Unmuths über Eingriffe in sein Recht, und die Sorgen um das auf die Erfindung aufgewendete Vermögen nicht fehlten, doch in seinem Lebensabend geachtet und sorgenfrei sich an der Kunde erfreuen konnte, dass seine Erfindung sich in weiteren Städten zum Segen der Menschheit und zur Ehre seiner Vaterstadt Mainz verbreitete.

			Friele zu
			Ritter 1332/III. Rathshe
Henne zum Gensfleisch Sohn des Friele 1337/VII. Bruder des Peter 1332/V, VI.			Peter zu Bruder des J Schöffe 135
Friele zum Gensfleisch Sohn des Johann Enkel des Friele 1337/VII.	Katharina Tochter des Johann Enkelin des Friele 1337/VII.		Friele zu Sohn des Peter 13 Witwe: Grete zur Lade

? Peter zum Gensfleisch Baumeister 1368/XXII, † 1382/XXIX. 1. Frau: Agnes zum Jungen, 1370 XXIII. Witwe: Grete, 1382/XXIX.	Grete Tochter des Friele. Frau des Heinz zum Jungen 1363/XVIII.	Katharina Tochter d. Grete 1372/XXIV. Frau des Peter Lindenfels-Schlüssel 1376/XXV.	Johann zur Laden Sohn der Grete 1372/XXIV. Frau: Hennechin, Erbin der Frankfurter Gülte 1419/LXV.	Friele F der J 1 Frau Gu 143
Friele Gensfleisch Capitular des Liebfrauenstiftes. Sohn des Peter Bruder des Peter 1379/XXVIII.	Peter Gensfleisch Capitular des St. Stefansstiftes, Sohn des Peter, Bruder des Friele 1379/XXVIII.	Johann der Alte Sohn der Grethe 1389/XXXIV Bruder d. Friele 1398/XLV. Frau: Berwolf.	Dietrich Schlüssel Sohn d. Katharina 1418, LXIII. Verlässt Mainz 1411. Hausgenosse 1421.	Verlässt Mainz Verlä 1411. † 1419/LXV. Ha † 143
	Grete Nonne, Tochter des Johann 1392/XL.	? Michael Gensfleisch Hausgenosse 1421.		Friele Gensfleisch Sohn des Friele 1431/LXXVIII. Bruder des Johann Gudenberg 1434, LXXXV. † 1449. Frau: Else, Tochter des Jakob Hirz 1431, LXXVIII.

*) Die römischen Ziffern bezeichnen die Ziffer der Urkunde in Schaabs Geschichte der Buchdruckerkunst.

Beilage zu Faulmann: »Die Erfindung der Buchdruckerkunst«.

... Gensfleisch
... 1332—1348, † 1358/XVI.*)

er Gensfleisch Jmann 1332/V, VI, · IX, † 1359/XVII.	Clara Tochter des Friele zum Gensfleisch, Nonne, 1342/XII.	Niklas zum Gensfleisch Sohn des Friele 1358/XVI, Schöffe 1377/XXVI, † 1389/XXXIV.
ek Gensfleisch te/XVII, † 1372/XXIV. L 1372/XXIV, 1391/XXXIV.		Johann Gensfleisch Sohn des Niklas † 1395/XLII. Frau: Eve 1390/XXXV.

Frar Laden	Ortlieb zur Laden	Peter zur Laden	Niklas Gensfleisch	Johann Gensfleisch	Gude
der Katharina /LX. Else zu mberg I/XXVII.	Bruder der Katharina 1410/LVIII.	Sohn des Friele 1413/LXII.	Sohn des Johann 1390/XXXV. Bruder des Johann 1395/XLII. Niklas von Gudenberg 1401/CCLXXXIII. † 1409/LVII. Frau: Katharina von Scharfenstein 1399/CCLXXXII.	Sohn des Johann 1390/XXXV. Bruder des Niklas † 1395/XLII.	Tochter des Johann 1390/XXXV. Frau des Rudolf von Landeck.

Von Mainz 11. Hausgenosse 21. I/XXVII.	Verlässt Mainz 1411. Hausgenosse 1421.	Verlässt Mainz 1411. Hausgenosse 1421. † 1463/CXXXII. Tochter Grete 1413/LXII.	Johann der Junge Sohn des Niklas von Gudenberg 1401/CCLXXXIII. Verlässt Mainz 1411. 1432/LXXXII. † 1435/LXXXVII.	Rudolf Gensfleisch Sohn des Johann 1395/XLII. Hausgenosse 1421. Sein Erbe Arnold Gelthuss 1459/CXXX.	Rüdiger Rudolfs Sohn 1441/CI.
Johann Gensfleisch Sohn des Friele 1430/LXXVII. Bruder des Friele 1434/LXXXV.		Peter Gensfleisch Sohn des Johann 1402/XLIV. Verlässt Mainz 1411. Peter zum Sorgenloch 1432/LXXXII. † 1438/XCII. Witwe: Agnes von Udenheim 1438/XCII.	Jakob der Pastor Sohn des Johann. Verlässt Mainz 1411.	Georg Gensfleisch Sohn des Johann 1402/XLIV. Verlässt Mainz 1411. Georg zum Sorgenloch 1432/LXXXII. † 1442/CV.	
		Katharina Tochter des Peter. Frau des Henne zum Jungen-Aben 1432/LXXIX, LXXX.	Jakob von Sorgenloch Sohn des Peter 1452/CXXI. † 1478/CXLIV. Frau: Else zu Bechtermünze.	Johann v. Sorgenloch genannt Gensfleisch, Sohn des Georg 1442/CV. † 1467/CXXXIX. Frau: Katharina Jostenhofer zu Schenckenberg 1437/CXXVII.	

| Michel
1439. | Johannes
1442, † 1443. | Katharina
1442 (?). | Hans
1444. | Klas
1446, † 1448. | Margarete
1447, † 1448. | Henne
1449. |